ENZYKLOPÄDIE
DEUTSCHER
GESCHICHTE
BAND 81

ENZYKLOPÄDIE
DEUTSCHER
GESCHICHTE
BAND 81

HERAUSGEGEBEN VON
LOTHAR GALL

IN VERBINDUNG MIT
PETER BLICKLE
ELISABETH FEHRENBACH
JOHANNES FRIED
KLAUS HILDEBRAND
KARL HEINRICH KAUFHOLD
HORST MÖLLER
OTTO GERHARD OEXLE
KLAUS TENFELDE

UMWELTGESCHICHTE IM 19. UND 20. JAHRHUNDERT

VON
FRANK UEKÖTTER

R. OLDENBOURG VERLAG
MÜNCHEN 2007

Bibliografische Information Der Deutschen Bibliothek

Die Deutsche Nationalbibliothek verzeichnet diese Publikation in der Deutschen Nationalbibliografie; detaillierte bibliografische Daten sind im Internet über <http://dnb.d-nb.de> abrufbar.

© 2007 Oldenbourg Wissenschaftsverlag GmbH, München
Rosenheimer Straße 145, D-81671 München
Internet: oldenbourg.de

Das Werk einschließlich aller Abbildungen ist urheberrechtlich geschützt. Jede Verwertung außerhalb der Grenzen des Urheberrechtsgesetzes ist ohne Zustimmung des Verlages unzulässig und strafbar. Dies gilt insbesondere für Vervielfältigungen, Übersetzungen, Mikroverfilmungen und die Einspeicherung und Bearbeitung in elektronischen Systemen.

Umschlaggestaltung: Dieter Vollendorf
Umschlagabbildung: Wisentgehege in der Schorfheide nördlich von Berlin. Die Wiedereinbürgerung der Wisente in das ehemalige Jagdgebiet der preußischen Könige, seit 1930 Naturschutzgebiet, gehörte zu den Lieblingsprojekten Hermann Görings, der 1934 in der Schorfheide seine Residenz Carinhall eingeweiht hatte und seit 1935 als Reichsforstmeister auch für den Naturschutz zuständig war. Die Aufnahme des Geheges, das zahlreiche Besucher anzog, entstand 1938. SV-Bilderdienst.
Gedruckt auf säurefreiem, alterungsbeständigem Papier (chlorfrei gebleicht).
Satz: Typodata GmbH, München
Druck: MB Verlagsdruck, Schrobenhausen
Bindung: Buchbinderei Klotz, Jettingen Scheppach

ISBN: 978-3-486-57631-3 (brosch.)
ISBN: 978-3-486-57632-0 (geb.)

Vorwort

Die „Enzyklopädie deutscher Geschichte" soll für die Benutzer – Fachhistoriker, Studenten, Geschichtslehrer, Vertreter benachbarter Disziplinen und interessierte Laien – ein Arbeitsinstrument sein, mit dessen Hilfe sie sich rasch und zuverlässig über den gegenwärtigen Stand unserer Kenntnisse und der Forschung in den verschiedenen Bereichen der deutschen Geschichte informieren können.

Geschichte wird dabei in einem umfassenden Sinne verstanden: Der Geschichte der Gesellschaft, der Wirtschaft, des Staates in seinen inneren und äußeren Verhältnissen wird ebenso ein großes Gewicht beigemessen wie der Geschichte der Religion und der Kirche, der Kultur, der Lebenswelten und der Mentalitäten.

Dieses umfassende Verständnis von Geschichte muss immer wieder Prozesse und Tendenzen einbeziehen, die säkularer Natur sind, nationale und einzelstaatliche Grenzen übergreifen. Ihm entspricht eine eher pragmatische Bestimmung des Begriffs „deutsche Geschichte". Sie orientiert sich sehr bewusst an der jeweiligen zeitgenössischen Auffassung und Definition des Begriffs und sucht ihn von daher zugleich von programmatischen Rückprojektionen zu entlasten, die seine Verwendung in den letzten anderthalb Jahrhunderten immer wieder begleiteten. Was damit an Unschärfen und Problemen, vor allem hinsichtlich des diachronen Vergleichs, verbunden ist, steht in keinem Verhältnis zu den Schwierigkeiten, die sich bei dem Versuch einer zeitübergreifenden Festlegung ergäben, die stets nur mehr oder weniger willkürlicher Art sein könnte. Das heißt freilich nicht, dass der Begriff „deutsche Geschichte" unreflektiert gebraucht werden kann. Eine der Aufgaben der einzelnen Bände ist es vielmehr, den Bereich der Darstellung auch geographisch jeweils genau zu bestimmen.

Das Gesamtwerk wird am Ende rund hundert Bände umfassen. Sie folgen alle einem gleichen Gliederungsschema und sind mit Blick auf die Konzeption der Reihe und die Bedürfnisse des Benutzers in ihrem Umfang jeweils streng begrenzt. Das zwingt vor allem im darstellenden Teil, der den heutigen Stand unserer Kenntnisse auf knappstem Raum zusammenfasst – ihm schließen sich die Darlegung und Erörterung der Forschungssituation und eine entsprechend gegliederte Auswahlbibliographie an –, zu starker Konzentration und zur Beschränkung auf die zentralen Vorgänge und Entwicklungen. Besonderes Gewicht ist daneben, unter Betonung des systematischen Zusammenhangs, auf die Abstimmung der einzelnen Bände untereinander, in sachlicher Hinsicht, aber auch im Hinblick auf die übergreifenden Fragestellungen, gelegt worden. Aus dem Gesamtwerk lassen sich so auch immer einzelne, den jeweiligen Benutzer besonders interessierende Serien zusammenstellen. Ungeachtet dessen aber bildet jeder Band eine in sich abgeschlossene Einheit – unter der persönlichen Verantwortung des Autors und in völliger Eigenständigkeit gegenüber den benachbarten und verwandten Bänden, auch was den Zeitpunkt des Erscheinens angeht.

Lothar Gall

Inhalt

Vorwort des Verfassers IX

I. Enzyklopädischer Überblick 1

  1. Umwelt als historiographische Herausforderung 1
  2. Mensch und Umwelt im 19. Jahrhundert 6
  3. Das deutsche Kaiserreich als umwelthistorische
     Sattelzeit 14
  4. Weimarer Republik und Nationalsozialismus 23
  5. Auf dem Weg zum ökologischen Zeitalter 28

II. Grundprobleme und Tendenzen der Forschung 39

    1. Synthesen und Handbücher 39
    2. Natur als Idee und Utopie 45
    3. Wald- und Forstgeschichte 51
    4. Energiekrisen und Ressourcenprobleme 56
    5. Umweltverschmutzung und Stadthygiene 62
    6. Naturschutz und Landschaftspflege. Soziale
       Bewegungen vor dem ökologischen Zeitalter 68
    7. Umweltbewegungen nach 1945 73
    8. Umweltgeschichte der Landwirtschaft 79
    9. Natur als Gefahr und Risiko 84
  10. Methodische Fragen und die Einheit der
       Umweltgeschichte 88

III. Quellen und Literatur 93

  A. Gedruckte Quellen 93
  B. Literatur 94
    1. Überblicksdarstellungen und Sammelbände 94
    2. Literaturberichte 98
    3. Natur als Idee und Utopie 99
    4. Wald- und Forstgeschichte 101

5. Energiekrisen und Ressourcenprobleme	103
6. Umweltverschmutzung und Stadthygiene	106
7. Geschichte der Umweltbewegungen	109
8. Umweltgeschichte der Landwirtschaft	115
9. Natur als Gefahr und Risiko	117
10. Methodenprobleme der Umweltgeschichte	119

Register	121
1. Personenregister	121
2. Ortsregister	125
3. Sachregister	126

Themen und Autoren 131

Vorwort des Verfassers

Wenn man historische Subdisziplinen mit menschlichen Begriffen beschreiben sollte, könnte man mit guten Gründen bezweifeln, ob die Umweltgeschichte wirklich volljährig ist. Auch wenn die ersten Ansätze bis in die 1970er Jahre zurück reichen, kann doch erst seit gut einem Jahrzehnt von einer stabilen Forschungstradition gesprochen werden. Die Züge eines noch in der Entwicklung begriffenen Forschungsfeldes sind unverkennbar: Bis heute gibt es in Deutschland keine umwelthistorische Fachzeitschrift und selbst spezielle Buchreihen gibt es erst seit wenigen Jahren. Dass der vorliegende Band da eher den Charakter einer Zwischenbilanz in einem ausgesprochen dynamischen Themenfeld besitzen muss, versteht sich wohl von selbst.

Mein Dank gilt an dieser Stelle zunächst Klaus Tenfelde, der die Betreuung dieses Bandes übernahm, sowie Lothar Gall als Herausgeber der Reihe. Gabriele Jaroschka betreute den Band im Oldenbourg Verlag mit Umsicht und Sorgfalt und machte die Zusammenarbeit zu einer auch menschlich angenehmen Erfahrung. Wertvolle Hinweise verdanke ich drei Veranstaltungen in Königswinter, Salzburg und Bielefeld, auf denen ich Aufbau und Leitthesen dieses Bandes zur Diskussion stellen konnte. Sabine Dworog, Johannes Franz, Bernd Grewe, Ute Hasenöhrl, Martina Kaup, Wolfgang König, Lars Kreye, Uwe Lübken, Joachim Radkau, Reinhold Reith, Christian Rohr, Thorsten Schmolke und Johannes Wagemann haben das Manuskript vollständig oder in Teilen gelesen und freimütig kommentiert; dafür ein besonders herzliches Wort des Dankes. Auch meine Frau Simona Grothues hat dieses Buch gründlich gelesen. Der Beitrag, den sie darüber hinaus geleistet hat, bleibt aus guten Gründen unspezifiziert.

Bei aller Unterstützung: Die Verantwortung für Fehler und Auslassungen liegt ausschließlich bei mir. Man mag es als Anachronismus betrachten, in einer Zeit, in der sich die Umweltgeschichte verstärkt als Teil der allgemeinen Geschichte begreift, den Entwurf eines umwelthistorischen Kanons zu unternehmen. Aber wenn dieser Band einen Beitrag leisten könnte zu einer neuen Runde im „produktiven Selbstfindungsprozess der Umweltgeschichte" (M. Toyka-Seid), dann hätte sich das Unternehmen bereits gelohnt.

München, im Frühjahr 2007　　　　　　　　　　　　Frank Uekötter

I. Enzyklopädischer Überblick

1. Umwelt als historiographische Herausforderung

Es gehört zu den Gemeinplätzen der Tagespolitik, dass „die Umweltproblematik" im 21. Jahrhundert zu einer zentralen Herausforderung der Menschheit geworden ist. Der menschliche Einfluss auf die natürliche Umwelt hat in den vergangenen zwei Jahrhunderten in ungeheuerem Umfang zugenommen und zu einer Situation geführt, die zurecht als ökologische Selbstgefährdung des Menschen beschrieben worden ist. Nicht wenige Probleme haben inzwischen beängstigende Dimensionen angenommen. Mit der globalen Erwärmung und dem Artensterben stehen weltweit umfassende Veränderungen der natürlichen Lebensgrundlagen ins Haus; die Nutzung der Atomkraft hat der Menschheit ein Abfallproblem beschert, das weit über den Rahmen der bekannten menschlichen Geschichte hinausreicht. Neben den schlagzeilenträchtigen Themen geben aber auch weniger beachtete Probleme Anlass zur Sorge, so etwa der Rückgang der Trinkwasserreserven, die rasant voranschreitende Desertifikation und die Erosion des landwirtschaftlichen Bodens. Manchmal wird das wahre Ausmaß der Gefährdung auch erst rückblickend deutlich: Die gesundheitliche Brisanz der großstädtischen Kohlenrauchplage, die zeitgenössisch vor allem als ästhetisches und Eigentumsproblem diskutiert worden war, wurde erst durch die neuere medizinische Forschung deutlich und einer breiteren Öffentlichkeit durch die Feinstaubdebatte bekannt.

Ökologische Selbstgefährdung der Menschheit

All dies hat eine Vielzahl von Reaktionen provoziert, eine kaum noch zu überschauende Zahl von Organisationen und Institutionen bemüht sich heute um den Schutz der natürlichen Umwelt und im Begriff des „Umweltzeitalters" avancierte diese sogar zum Signum einer ganzen Epoche. Dabei versteckt sich hinter dem Kollektivsingular „Umwelt" ein breites Spektrum an Themen: Verschmutzung von Wasser, Boden und Luft, die Ausbeutung fossiler Rohstoffe, das nachhaltige Wirtschaften in Land- und Forstwirtschaft sowie der Schutz von Arten, Naturschönheiten und biologischen Prozessen sind einige der zahlreichen Themen, die seit Anfang der 1970er Jahre unter dem Rubrum „Umwelt" firmieren. Längst hat die Umweltdebatte einen Umfang und

Umweltgeschichte im Umweltzeitalter

Differenzierungsgrad erreicht, die es schwierig machen, den Überblick zu behalten. Die Vielgestaltigkeit der natürlichen Umwelt wirkt dabei nicht gerade komplexitätsmindernd: Nach dem derzeitigen Stand des biologischen Wissens teilt die Menschheit ihren Planeten mit mindestens 1,5 Millionen Tier- und Pflanzenarten mit jeweils spezifischen Bedürfnissen und Lebensräumen.

Evolution der umwelthistorischen Agenda

Eine historische Subdisziplin, die von dieser gegenwartspolitischen Situation ausgehend das Verhältnis von Mensch und Natur in der Geschichte analysieren möchte, sieht sich deshalb mit einem ganzen Bündel schwieriger Probleme konfrontiert. An erster Stelle steht dabei zweifellos die Wahl derjenigen Themen, die im Zentrum der Betrachtung stehen sollen. Unverkennbar stand die Agenda der deutschen Umweltgeschichte zunächst unter dem Eindruck der zeitgenössischen umweltpolitischen Debatte: Die Verschmutzung von Wasser und Luft sowie die Ursprünge der ökologischen Bewegung waren die bestimmenden Themen. Erst nach und nach erweiterte sich das Interesse auf Fragen der Nachhaltigkeit bestimmter Wirtschaftsformen etwa in der Landwirtschaft; zugleich wuchs das Bewusstsein, wie sehr sich historische Problemdefinitionen im Umweltbereich von jenen der Gegenwart unterscheiden können. Zunehmend entstand auch ein Bewusstsein für die heuristischen Probleme, die eine unreflektierte Übernahme aktueller Methoden und Theoreme in die historische Forschung mit sich bringt. In jüngster Zeit ist eine abermalige Erweiterung des umwelthistorischen Themenkanons erkennbar, die es zunehmend schwierig macht, die Grenzen der Umweltgeschichte zu definieren.

Kontingenz historischer Problemdefinitionen

Thematische Eingrenzung

Immerhin hat sich in der umwelthistorischen Forschungspraxis ein gewisser thematischer Kern herauskristallisiert, zu dem etwa die Geschichte der Umweltbewegungen, der Energie und der Umweltverschmutzung sowie die Wald- und Forstgeschichte zu rechnen sind. Über die Bereiche, die darüber hinaus zur Umweltgeschichte gehören oder gehören sollten, scheint es hingegen keine konsensuale Auffassung zu geben, so dass sich die Gliederung dieses Bandes sowie die thematische Eingrenzung nur begrenzt an forschungsinternen Konventionen orientieren können. An alternativen Gliederungsvorschlägen hat es deshalb im Entstehungsprozess des Bandes durchaus nicht gefehlt. So wäre etwa ein Abschnitt „Umweltpolitik" denkbar gewesen; aber letztlich schien es günstiger zu sein, die verschiedenen Wurzeln der heutigen Umweltpolitik in Naturschutz und Landschaftspflege, Wasser- und Luftreinhaltung usw. separat zu verfolgen, zumal diese Trennung auch in der Literatur überwiegt. Dem zwangsläufigen Nachteil eines solchen Vorgehens, dass Wechselbezüge dabei aus dem Blick zu

1. Umwelt als historiographische Herausforderung

geraten drohen, wurde zumindest ein wenig entgegengesteuert, indem der enzyklopädische Überblick mit einer chronologischen Gliederung quer zur thematischen Systematik ansetzt.

In jedem Fall ist die umwelthistorische Forschung von einem Methodenpluralismus geprägt, der wohl nicht zum geringsten zur Attraktivität des Forschungsfeldes beigetragen hat. Zugleich präsentiert sich Umweltgeschichte damit aber auch als eine prekäre Disziplin, der es zwangsläufig in hohem Maße an einem klaren thematischen und methodischen Profil mangelt. Aber wie könnte dies auch anders sein bei einer Disziplin, deren Gegenstandsbereich vom Kabeljau bis zum Kunstdünger und vom Dioxin bis zum Biosphärenreservat Schorfheide-Chorin reicht! Immerhin gibt es der thematischen Vielfalt zum Trotz eine Reihe metatheoretischer Probleme, die dem Forschungsfeld gewisse Konturen verleihen. Das Schlusskapitel wird dies unter der Leitfrage nach der Einheit der Umweltgeschichte noch einmal aufgreifen.

Umweltgeschichte als prekäre Disziplin

Inzwischen scheint es unter den Forschern einen Konsens zu geben, dass die Fragestellungen der Umweltgeschichte unvermeidlich anthropozentrisch begründet sind. Über Forderungen aus der Frühzeit der Forschung, die Umweltgeschichte müsse einem biozentrischen Paradigma folgen, ist die fachinterne Debatte inzwischen deutlich hinausgewachsen. Ein solcher Ansatz war im Grunde genommen schon durch die Komplexität des Gegenstands zum Scheitern verurteilt: Die Zahl der Pflanzen und Tiere, als deren Sprachrohr eine im Wortsinne biozentrische Geschichtsschreibung fungieren müsste, sprengt letztlich die praktischen Möglichkeiten sinnvoller Identifikation. Im Übrigen waren die Anthropomorphismen solcher Postulate nicht selten offenkundig, wenn ausgerechnet der Biber, dem „homo faber" nicht unähnlich, als Leittier einer biozentrischen Umweltgeschichte fungierte.

Umweltgeschichte als anthropozentrisches Projekt

Die Debatte über biozentrische Ansätze war jedoch hilfreich für den Selbstfindungsprozess der deutschen Umweltgeschichte und trug überdies zu dem ausgeprägten Methodenbewusstsein bei, das die deutsche Forschung im internationalen Vergleich bis heute auszeichnet. Hatten Kritiker anfangs noch befürchtet, eine anthropozentrische Umweltgeschichte würde auf Dauer unsensibel gegenüber der Natur und ihren eigenen Gesetzen, so darf man dies inzwischen als widerlegt betrachten. Die herausgehobene Position der Spezies Mensch gilt dabei nicht mehr als Gegensatz zur Einsicht in die natürliche Bedingtheit seiner Existenz, sondern als deren notwendiges Komplement: Die Akzeptanz einer Eigenlogik der natürlichen Umwelt und die Abhängigkeit des menschlichen Überlebens gerade auch von Prozessen, die nicht un-

Eigenlogik der natürlichen Umwelt

mittelbar humanen Bedürfnissen dienen, gehört inzwischen über den historiographischen Bereich hinaus zu den weithin akzeptierten Grundlagen der ökologischen Debatte.

Divergenz der Zeitvorstellungen

Zur Akzeptanz dieser Eigenlogik gehört auch die Einsicht, dass sich die Zyklen und Zeithorizonte der Natur in vielen Fällen von jenen der menschlichen Geschichte unterscheiden. Zwar hat die neuere Forschung über Naturkatastrophen das Bewusstsein geschärft, dass Prozesse der natürlichen Umwelt nicht pauschal im Stile Braudels als Phänomene langer Dauer (longue durée) zu kategorisieren sind. Dennoch bleibt zutreffend, dass sich Entwicklungen der natürlichen Umwelt im Vergleich mit Prozessen der menschlichen Geschichte vielfach mit geradezu provozierender Behäbigkeit vollziehen. Der Hang der umwelthistorischen Forschung zu relativ langen Betrachtungszeiträumen sowie die auffallende Häufigkeit breit angelegter Synthesen bis hin zu welthistorischen Überblicksdarstellungen hängt zweifellos auch mit dieser Divergenz der zeitlichen Kategorien zusammen.

Probleme der Periodisierung

1800 keine markante Zäsur

Umweltprobleme der industriellen Welt

Aus diesem Grund gibt es in der Umweltgeschichte auch kaum markante Zäsuren, die als Ansatzpunkte für Periodisierungen dienen könnten. Die Wendepunkte der Umweltgeschichte waren in vielen Fällen nicht Ereignisse im klassischen Sinne, sondern eher Zeiten beschleunigten und miteinander verbundenen Wandels in verschiedenen Themenfeldern. Dies ist hier auch deshalb von Bedeutung, weil eine Umweltgeschichte des 19. und 20. Jahrhunderts nicht unreflektiert von jener herausragenden Bedeutung der Zeit um 1800 ausgehen kann, die in der allgemeinen Geschichte weithin akzeptiert ist. Mit Blick auf den zweiten umwelthistorischen Band in dieser Reihe wird das Jahr 1800 im Folgenden deshalb nicht als scharfe Grenze, sondern eher als Chiffre für den Übergang von den Umweltproblemen der Vormoderne zu jenen der industriellen Welt betrachtet. Dabei sei schon jetzt darauf hingewiesen, dass auch diese Unterscheidung sich im Folgenden als durchaus diskutabel erweisen wird. Einige Forschungskontroversen, insbesondere in der Forstgeschichte sowie der Geschichte ökologischer Ideen, berühren unmittelbar die Frage, inwiefern es sich um moderne oder vormoderne Problemlagen handelte.

Umweltgeschichte als Niedergangsgeschichte?

Eine Monographie, die den Aufstieg der Industriemoderne aus ökologischer Sicht betrachtet, tendiert leicht dazu, eine Art Gegengeschichte zum Aufstieg der modernen Welt zu präsentieren. Das Bewusstsein für die damit verbundenen Gefahren hat sich in der umwelthistorischen Forschung erst nach und nach entwickelt. Manche frühen Studien grenzten sich sogar emphatisch von einer angeblichen „Fortschrittsverliebtheit" der allgemeinen Geschichte ab und frönten mehr

1. Umwelt als historiographische Herausforderung

oder weniger offen einer Art Niedergangsparadigma. Inzwischen dürfen solche Positionen aber aus mehreren Gründen als überwunden gelten:

- Eine erste Kritik richtete sich prinzipiell gegen eine isolierte Betrachtung ökologischer Aspekte. Ein Ansatz, der soziale und ökonomische Themen a priori ausblendet und sich ganz auf die Umweltschäden konzentriert, ignoriert zwangsläufig wichtige Aspekte des Gesamtzusammenhangs: Menschliches Verhalten hat stets ökologische Implikationen, geht jedoch nie in diesen allein auf. *[Bedeutung umfassender Kontextualisierung]*
- Eine zweite Kritik wies darauf hin, dass die Niedergangsgeschichte auf einem statischen Naturideal beruhte. Tatsächlich hat die biologische Forschung jedoch Vorstellungen einer Statik oder „Stabilität" der Natur nachdrücklich widerlegt und vielmehr deren ungemeine Wandelbarkeit herausgearbeitet. Damit entfiel die geschichtstheoretische Grundannahme, es gebe bestimmte ökologische, der Natur immanente Werte, an denen sich das historiographische Urteil orientieren könnte. Es zeigte sich, dass die Niedergangsgeschichte nicht auf ökologischen, sondern auf menschlichen Wertvorstellungen basierte, die entsprechend zu diskutieren waren. Dabei zeigte sich überdies bald, dass eine Umweltgeschichte als Niedergangsgeschichte zumindest latent in der Gefahr der Menschenverachtung stand. *[Wandelbarkeit der natürlichen Umwelt]*
- Damit verband sich eine dritte Kritik, die sich an der häufig als Leitbild erkennbaren Vorstellung eines primordialen Urzustands natürlicher Wildheit rieb. Ein solches Leitbild erschien nicht nur ethisch zweifelhaft, sondern ignorierte auch die lange Geschichte der gegenseitigen Beeinflussung von Mensch und Natur: Im mitteleuropäischen Kontext musste die Suche nach ursprünglicher Wildnis zumindest für das 19. und 20. Jahrhundert ergebnislos bleiben. Es war nicht zuletzt die historische Geographie, die immer wieder betonte, dass es sich bei der vermeintlich „unberührten Natur" tatsächlich um Kulturlandschaften handelte. *[Leitbild Wildnis? / Kulturlandschaftsdebatte]*
- Eine vierte Kritik wies schließlich darauf hin, dass das Niedergangsparadigma von einer naiv-essentialistischen Definition des „Umweltschadens" ausging. Tatsächlich eröffneten „schädliche" Entwicklungen oft auch Chancen für andere Tier- und Pflanzenarten.

Im Übrigen zeigte sich rasch, dass Umweltgeschichte nur dann an Profil gewann, wenn sie mehr bot als ein bloßes „Sündenregister". Letztlich führte das Niedergangsparadigma zu einer besserwisserischen, ständig lamentierenden Art von Geschichtsschreibung, die nicht nur schwer lesbar, sondern vor allem auch analytisch belanglos war. Farbe gewann Umweltgeschichte erst dann, wenn man das Verhältnis von Mensch und Natur als ein interaktives begriff. Die Wechselwirkungen zwischen Menschen und ihrer natürlichen Umwelt, die Manipulation ökologischer Prozesse, an die die Menschen dennoch gebunden blieben, wurden in vielfältigen Ausprägungen zum bestimmenden Thema der umwelthistorischen Forschung. Es ist nicht zuletzt diese dialektische Spannung zwischen Beherrschung der Natur und Abhängigkeit von der Natur, die als Leitmotiv den Reiz der modernen umwelthistorischen Forschung ausmacht.

Dialektische Spannung als Leitmotiv

Es bedarf keiner ausführlichen Begründung, dass Deutschland im naturräumlichen Sinne nicht als Einheit zu betrachten ist. Das Verhältnis von Mensch und Natur konnte sich je nach Standort zwischen Nord- und Ostsee und dem Alpenraum in sehr unterschiedlicher Weise präsentieren. Zudem machen ökologische Prozesse bekanntlich an nationalstaatlichen Grenzen nicht halt und die Ähnlichkeit deutscher Problemlagen mit jenen in anderen Ländern ist in vielen Fällen offenkundig. Stärker als andere Bände dieser Reihe bemüht sich der hier vorliegende deshalb um die Einbeziehung der nichtdeutschen Literatur, zumal deren Rezeption nach wie vor ein wesentliches Desiderat der deutschen Umweltgeschichtsforschung darstellt. Dass einige der anregendsten umwelthistorischen Studien sich mit vergleichbaren Problemlagen in anderen Ländern beschäftigen, erhöht noch zusätzlich den Reiz internationaler Perspektiven. Referenzpunkt dieses Bandes ist insofern ein geographisch verstandener Naturraum Mitteleuropa mit Deutschland in seinen heutigen Grenzen als Zentrum. Dass der Nationalstaat dennoch für das Verhältnis von Mensch und Natur alles andere als unbedeutend war und ist und auch historiographisch große, ja vielleicht sogar *zu* große Beachtung gefunden hat, wird im Folgenden zu diskutieren sein.

Nationalstaat als konzeptioneller Rahmen?

2. Mensch und Umwelt im 19. Jahrhundert

In seiner Weltgeschichte der Umwelt hat John McNeill das 20. Jahrhundert als das „Jahrhundert der Umwelt" bezeichnet. Der menschliche Zugriff auf die natürliche Umwelt habe in diesem Jahrhundert ein historisch präzedenzloses Ausmaß erreicht; zugleich entwickelten sich in ebenfalls historisch einmaligem Umfang Gegenkräfte, um die resultierenden Probleme in den Griff zu bekommen. Vor diesem Hintergrund könnte man das 19. Jahrhundert als ein Jahrhundert des Über-

Jahrhundert des Übergangs

2. Mensch und Umwelt im 19. Jahrhundert

gangs von einem umwelthistorischen „Ancien Regime" zur Industriemoderne bezeichnen. Das 19. Jahrhundert markiert den Übergang vom „hölzernen Zeitalter" zu den fossilen Energieträgern sowie das zunächst seltene und isolierte, dann immer häufiger werdende Auftreten von Umweltschäden im Gefolge der Industrialisierung. Zugleich konstituierten sich, allerdings noch sehr zaghaft, gewisse Gegenkräfte zum Schutz der Natur.

Der Blick auf die Industrialisierung und ihre Konsequenzen ist freilich stark von einem späteren Zeitalter geprägt und es griffe zu kurz, die Umweltgeschichte des 19. Jahrhunderts auf gewerbliche Umweltverschmutzung und Naturschutz zu reduzieren. Wenn die Zeit um 1800 einen historischen Höhepunkt der Biodiversität in Deutschland markierte, dann lag dies vor allem an den zeitgenössischen Entwicklungen in der Land- und Forstwirtschaft. Die Bauernbefreiung und die Auflösung der Allmenden als bestimmende Prozesse der ländlichen Gesellschaft im frühen 19. Jahrhundert liefen auf eine Intensivierung der landwirtschaftlichen Produktion hinaus, in die gleiche Richtung wies der Bedeutungsverlust der Brache. Damit wuchs der Druck auf agrarische Extensivgebiete, die unter Naturschutz- und Biodiversitätsgesichtspunkten vielfach besonders wertvoll waren. Seit der Mitte des 18. Jahrhunderts gewann die Kultivierung von Feuchtgebieten eine neue Qualität; die Erschließung des Oderbruchs während der Regierungszeit Friedrichs II. liefert dafür den augenfälligsten Beleg. Mit dem landschaftlichen Wandel verband sich die Etablierung bürokratischer Expertise für die Verbesserung agrarischer Produktionsbedingungen. Das ambitionierteste Tätigkeitsfeld stellte dabei die Verkoppelung (später Flurbereinigung genannt) dar. Zugleich entstanden Spezialbürokratien etwa für die Moorkultivierung, die von der 1877 in Bremen gegründeten Moorversuchsstation wissenschaftlich begleitet wurde. Insgesamt trug der ökologische Wandel des ländlichen Raumes die Züge eines zwar tiefgreifenden, aber langfristigen Übergangs.

Umwelthistorisch bedeutsam war weiterhin, dass sich die Landwirtschaft des 19. Jahrhunderts noch stark auf die Nutzung innerbetrieblicher Stoffkreisläufe konzentrierte. Die Verbreitung der Stallmistdüngung gehörte zu den Lieblingsthemen der Agrarreformer: Die ganzjährige Stallhaltung erlaubte eine zielgerechte Düngung, welche wiederum durch höhere Hektarerträge die Ausweitung des Viehstapels ermöglichte. Der Rückgriff auf künstliche und überhaupt käufliche Düngemittel blieb trotz des Imports peruanischen Guanos seit der Jahrhundertmitte vorerst die Ausnahme. Erst gegen Ende des 19. Jahrhunderts gewann die Chemisierung der Landwirtschaft langsam an Dy-

Wandel der Landwirtschaft

Ödlandkultivierung

Kreislaufideal im Landbau

namik. Zudem blieb die Agrarproduktion bis weit ins 20. Jahrhundert der animalischen Traktion insbesondere durch Pferde und Rinder verhaftet. Im 19. Jahrhundert war die Landwirtschaft, im Unterschied zur industrialisierten Agrarproduktion der Gegenwart, noch ein Nettoenergieproduzent.

Wandel der Waldnutzung

Ähnlich wie in der Landwirtschaft war auch die Forstwirtschaft von einem fundamentalen Wandel geprägt, der sich jedoch über mehrere Generationen, ja zum Teil sogar über Jahrhunderte erstreckte. Der Grundprozess war die zunehmende Vermarktung und Kapitalisierung der Holzversorgung und die Etablierung einer staatlichen Oberaufsicht über die Nutzung der Waldressourcen, legitimiert durch eine entstehende akademische Forstwirtschaftslehre. Die vielfältigen Waldnutzungsformen des Ancien Regime, so das gewohnheitsmäßige Brennholzsammeln und die Waldweide, wurden nach und nach beschränkt und in die Illegalität gedrängt; aus dem polyfunktionalen Wald mit vielfältigen bäuerlichen Nutzungsansprüchen wurde ein schlichter Holzlieferant. Die Forstreformen dienten primär den fiskalischen Interessen des merkantilistischen Staates, zumal von einem systematischen Management der Waldressourcen häufig staatliche Hüttenbetriebe und Salinen profitierten. Zugleich entwickelten sich die Forstbeamten im Zuge der Akademisierung zu einer respektablen Profession. Der Einrichtung der ersten forstlichen Meisterschule in Wernigerode im Harz 1763 folgte 1770 die Gründung der Berliner Forstakademie und ähnlicher Institutionen in weiteren Staaten, etwa einer Meisterschule im thüringischen Zillbach 1785, aus der die einflussreiche sächsische Forstakademie von Tharandt hervorging.

Entstehung der Forstwissenschaft

Vielfalt der forstlichen Ressourcen

Der Verweis auf eine drohende „Holznot" war eine stehende Wendung in den Forstordnungen der Frühen Neuzeit. Inwiefern diese Behauptung zutreffend war und der Wandel der Waldbewirtschaftung von einer materiellen Mangelsituation vorangetrieben wurde, ist Gegenstand einer anhaltenden Forschungskontroverse. Unstrittig ist, dass der Energiebedarf der heraufziehenden Industriegesellschaft auf Dauer nicht durch Waldressourcen zu decken gewesen wäre; aber eine solche Ex-Post-Sicht beweist noch keine Kausalität und verdeckt überdies ein enormes Maß regionaler Differenzen. In entlegenen, landwirtschaftlich geprägten Regionen stellte sich die Situation anders dar als in der Nähe größerer Städte; triftfähige Flüsse begünstigten die Waldressourcennutzung, da ein Transport über Land vor dem Eisenbahnbau mühselig und kostspielig war. Viel hing zudem von der Art der nachgefragten Waldressourcen ab: Das Spektrum reichte von der auf Bauholzproduktion ausgerichteten Hochwaldwirtschaft über Buchen- und Eichenwälder, die auch der Schweinemast dienten, bis zum Niederwald mit kurzen Umtriebszeiten, der als effizienter Brennholzlieferant häufig in Regionen mit holzfressenden Gewerben anzutreffen war, so etwa in den Erzbergbauregionen der Mittelgebirge, die bis zur Adaption von Koks ab etwa 1850 auf die Holzkohleproduktion durch Köhlereien angewiesen waren. Schließlich war für die Bewertung der Nachhaltigkeit einer Wirtschaftsform eine Fülle von Informationen erforderlich, die für viele Regionen bis weit ins 19. Jahrhundert nur bruchstückhaft verfügbar waren.

Einiges spricht dafür, dass die „Holznot" selbst dort, wo Waldressourcen tatsächlich unter einem besonderen Nutzungsdruck standen, eher eine antizipierte Krise war. Durch die mit den neuen Bewirtschaftungsformen einhergehenden Nutzungsbeschränkungen und die Präferenz der Forstreformer für den Hochwald verwandelte sich die prospektive Krise in eine Versorgungskrise der Gegenwart, wobei die ländlichen und städtischen Unterschichten von der Monetarisierung des Holzhandels mit besonderer Härte getroffen wurden. Zugleich änderte sich das Landschaftsbild: Erst durch die Forstreformen entstand eine klare Abgrenzung zwischen forstlicher und landwirtschaftlicher Nutzung und die entstehende Forstwissenschaft begünstigte die Ausweitung des Hochwalds und insbesondere der Nadelwaldreinkulturen. Vor allem die Expansion der Fichtenbestände stand später aufgrund ihrer gravierenden ökologischen Konsequenzen im Zentrum der Kritik. Die Waldfläche stieg in Deutschland seit Mitte des 19. Jahrhunderts langsam wieder an, von 1878 bis 1913 lag der jährliche Zuwachs bei rund 10 000 Hektar, zwischen 1913 und 1937 immerhin noch bei 1500 Hektar; bis in die Gegenwart ist der Anteil des Waldes von knapp einem Drittel der deutschen Gesamtfläche stabil. Zur Befriedigung des inländischen Bedarfs reichten die verfügbaren Waldressourcen allerdings nicht aus: Seit 1864 ist Deutschland ein Nettoimporteur von Holz.

Die Städte des 19. Jahrhunderts galten schon den Zeitgenossen als sanitäres Notstandsgebiet. Mehrere Entwicklungen trafen hier zusammen: Die Verdichtung der urbanen Zentren mit häufig überaltertem Baubestand; die flächenmäßige Expansion der städtischen Gebiete im Zuge der Industrialisierung; der Aufstieg des gesellschaftlichen Ideals bürgerlicher Reinlichkeit; zugleich die Entstehung einer Hygienebewegung, die eine Fülle möglicher Gegenmaßnahmen in die Diskussion brachte und sich eng mit der Professionalisierung medizinischer Berufe im 19. Jahrhundert verband. Es war vor allem die Cholera, die seit ihrem ersten Auftreten in Europa 1830 die Bemühungen um die Bekämpfung unhygienischer Zustände insbesondere in der Wasserversor-

Marginalien: Ausmaß der „Holznot"; Wandel des Landschaftsbildes; Entwicklung der Waldfläche; Hygienische Zustände in den Städten; Cholera als Gesundheitspolizei

gung vorantrieb. Die erniedrigenden Umstände des Krankheitsausbruchs, der plötzlich in aller Öffentlichkeit erfolgen konnte und mit unkontrollierten Ausscheidungen einherging, waren für den Schrecken der Cholera mindestens ebenso wichtig wie die Opferzahlen selbst. 1892 starben in Hamburg bei der letzten Choleraepidemie auf deutschem Boden mehr als 10 000 Menschen. 1901 erkrankten in Gelsenkirchen mehr als 3200 Einwohner an Typhus, nachdem der Erreger durch die Einspeisung ungereinigten Wassers aus der Ruhr in das Leitungsnetz der Stadt gelangt war. Etwa jeder sechste der Erkrankten starb.

Luftverschmutzung und Lärm

Immissionen waren in den Städten um 1800 ein geradezu alltägliches Phänomen, da Lärm und üble Gerüche allenfalls durch die Konzentration bestimmter Gewerbe in einzelnen Stadtvierteln ein wenig einzudämmen waren. Wenn es zu öffentlichem Protest gegen bestimmte Emittenten kam, dann hatte dies mit sozioökonomischen Faktoren oftmals mehr zu tun als mit den materiellen Belästigungen selbst. Eindringlich spiegelt dies ein intensiv untersuchter Fall in Bamberg 1802/03, wo sich das altständische Bürgertum gegen eine geplante Glashütte richtete und damit neben einem nicht unbeträchtlichen Alltagswissen über die Schädlichkeit von Schwefelemissionen auch seine Abneigung gegenüber der neuen unternehmerischen Initiative dokumentierte. Am Ende wurde die Glashütte weit außerhalb der Stadt errichtet. Während der Konflikt mit dem altständischen Bürgertum durch dessen Verschwinden als soziale Formation im Laufe des 19.

Hüttenrauch als Schlüsselkonflikt

Jahrhunderts an Bedeutung verlor, gewannen die unternehmerischen Konflikte mit Land- und Forstwirten im gleichen Zeitraum deutlich an Schärfe. Vor allem die Emissionen von Metallhütten führten zu zahlreichen Konflikten, in denen es zumeist um Legitimation und Ausmaß der industriellen Entschädigungsleistungen ging. Kaum je war der Erhalt agrarischer oder forstlicher Nutzungen in solchen Auseinandersetzungen ein Wert an sich.

Die industriellen Immissionen waren ein in jeder Beziehung unliebsames Phänomen. Sie brachten nicht nur den Staat in einen Zielkonflikt, da dieser sich sowohl der Land- und Forstwirtschaft als auch der Gewerbeförderung verpflichtet sah und überdies als Waldbesitzer oft auch unmittelbar Partei war. Sie trafen auch auf eine heillos über-

Beginnende Forschung

forderte Wissenschaft. Zwar begann mit den Forschungen Julius Stöckhardts an der Forstakademie Tharandt Mitte des 19. Jahrhunderts die international beachtete Tradition der deutschen Rauchschadensforschung, aber konkrete Anhaltspunkte für die Regulierung der Schäden konnte diese Forschung lange Zeit nicht liefern. Auch die Formulierung allgemeiner Immissionsgrenzwerte wurde von den Forschern bis

2. Mensch und Umwelt im 19. Jahrhundert

weit ins 20. Jahrhundert hinein abgelehnt. Schließlich trafen die Rauchschäden und andere Emissionsprobleme auf einen Staat, der solche Probleme ungeachtet ihrer wachsenden Frequenz als singuläre Ausnahmefälle betrachtete. Anders als etwa die französische Regulierungstradition, die seit 1810 zwischen drei Gefährdungsklassen mit je spezifischen Schutzbestimmungen unterschied, blieb die preußischdeutsche Tradition einer Einzelfallprüfung verhaftet, die in der Praxis auf eine ausgesprochen inkonsistente Begutachtungs- und Genehmigungspraxis hinauslief; die entsprechenden Bestimmungen der preußischen Gewerbeordnung von 1845 erlangten mit der Reichsgründung deutschlandweite Gültigkeit. Letztlich dokumentierte sich im Immissionsschutz eine unentschlossene und inkonsequente Haltung des Staates, der einerseits die Bekämpfung exzessiver Immissionen als seine originäre Pflicht anerkannte, andererseits aber die dafür erforderlichen rechtlichen und administrativen Strukturen nur ausgesprochen zögerlich schuf. Dies war umso folgenreicher, als die Rechtsentwicklung im Immissionsschutz von einem Bedeutungsverfall des Zivilrechts geprägt war, der das Schwergewicht der Schutzanforderungen sukzessive zum öffentlichen Recht verschob. Vereinzelten scharfen Interventionen zum Trotz kann wohl insgesamt gesehen kein Zweifel herrschen, dass die behördliche Praxis die Interessen der Verursacher weitaus besser bediente als jene der Geschädigten.

Staatlicher Schutz vor Immissionen?

Während vor allem sichtbare Emissionen als spektakulärer und vielzitierter Ausdruck des heraufziehenden Industriezeitalters galten, war die wachsende Bevölkerungsdichte ein weniger symbolträchtiger Prozess, der gleichwohl enorme ökologische Implikationen barg. Erst im frühen 19. Jahrhundert überschritt die globale Bevölkerungszahl die Schwelle von einer Milliarde, eine Zahl, die sich in den folgenden 200 Jahren in etwa versechsfachen sollte. 1816 lebten innerhalb der Grenzen des späteren Kaiserreichs rund 25 Millionen Menschen, bis zum Vorabend des Ersten Weltkriegs stieg diese Zahl aufgrund eines starken, allerdings zeitlich und regional sehr differenzierten Bevölkerungswachstums auf 65 Millionen; nach einem deutlichen Rückgang der Wachstumsraten leben inzwischen gut 80 Millionen Menschen in den Grenzen der Bundesrepublik. Die Konsequenzen dieser Entwicklung zeigten sich besonders drastisch in Großstädten wie Berlin und urbanen Regionen wie dem Ruhrgebiet; auf dem Lande wurde seit dem späten 19. Jahrhundert eher über einen Mangel an Arbeitskräften geklagt, zunächst vor allem in den von der Gutsherrschaft geprägten Gebieten des Ostens. Die von Thomas Robert Malthus inspirierte Debatte über die Konsequenzen des Bevölkerungswachstums wurde jedoch

Demographie und Umwelt

erst mit dem Aufstieg der modernen Umweltbewegung zu einem spezifisch ökologischen Thema. Der Streit, ob das Bevölkerungswachstum ein Kernthema der Umweltpolitik ist oder eher von den zentralen Aufgaben ablenkt, hält bis in die Gegenwart an. Exemplarisch sei auf die Kontroverse um die von Paul Ehrlich perhorreszierte „Bevölkerungsbombe" verwiesen.

Wandel der Mensch-Tier-Beziehung

Ideengeschichtlich war die Zeit um 1800 von wichtigen Verschiebungen in der Beziehung zwischen Menschen und Tieren geprägt. Im Zuge eines langfristigen, mehrere Generationen umfassenden Wandlungsprozesses entstand eine neuartige menschliche Sensibilität gegenüber anderen Geschöpfen. Zunächst stand dahinter eine klar anthropozentrische Haltung, die die Tierquälerei als Ausdruck einer Verrohung des menschlichen Charakters kritisierte. Mit Jeremy Bentham wurde dann seit dem späten 18. Jahrhundert die Leidensfähigkeit der Tiere zum neuen Fundament der Tierethik; die darin angelegte Vorstellung eines Eigenrechts der Kreatur fand allerdings erst im 20. Jahrhundert ihren rechtlichen Niederschlag. Die neue Empfindsamkeit

Tierschutzbewegung

führte 1824 zur Gründung des weltweit ersten Tierschutzvereins, der englischen „Society for the Prevention of Cruelty to Animals", der erste deutsche Tierschutzverein wurde 1837 in Stuttgart gegründet. Als Vorkämpfer des Tierschutzes taten sich in Deutschland vor allem protestantische Pfarrer hervor. 1892 gab es in Deutschland 191 Tierschutzvereine mit insgesamt 70000 Mitgliedern, eine Zahl, die weltweit nur von England mit 244 Vereinen übertroffen wurde. Die meisten deutschen Staaten schufen im 19. Jahrhundert Bestimmungen zum Schutz der Tiere, die nach der Reichsgründung durch den § 360 des Reichsstrafgesetzbuchs abgelöst wurden.

Manche Naturschützer reklamierten später eine ähnlich lange Genealogie wie die Tierschutzbewegung und präsentierten das eigene Anliegen als Kind der Romantik; aber das war nur zu leicht als Rück-

Naturschutz im 19. Jahrhundert?

projektion zu erkennen. Die Kluft zwischen dem schwärmerischen, harmonistisch-holistischen Naturideal der Romantik und den Schutzkonzepten des 20. Jahrhunderts war letztlich unüberbrückbar, auch wenn Naturschützer gerne erwähnten, dass der Begriff des Naturdenkmals auf Alexander von Humboldt zurückgeht. Der Schritt von der Bewunderung und dem Studium der Natur zum materiellen Schutz blieb jedenfalls vorerst aus. Noch Wilhelm Heinrich Riehls vielzitierte *Naturgeschichte des Volkes* war mit den Anliegen der späteren Naturschutzbewegung allenfalls auf einer sehr allgemeinen ideologischen Ebene kompatibel. Bezeichnenderweise fanden die Verschönerungsvereine des 19. Jahrhunderts als neben den naturkundlichen Vereinen

2. Mensch und Umwelt im 19. Jahrhundert

wohl wichtigste organisierte Vertretungen einer nichtutilitaristischen Natursicht keinen Eingang in das Geschichtsbild des Naturschutzes. Auch der Schutz des Drachenfels bei Königswinter 1836 trug noch deutlich die Züge einer spätabsolutistischen Intervention, die mehr mit dem tradierten Schutzstatus von Parkanlagen und Wildgehegen zu tun hatte als mit dem Naturschutz moderner Prägung, in dessen Traditionslinie der Drachenfels rückblickend inkorporiert wurde. Dass der Drachenfels lange Zeit als „erstes deutsches Naturschutzgebiet" galt, hatte eher nationalistische als chronologische Gründe: Der Symbolwert des „deutschen Rheins" verdeckte die Tatsache, dass es schon früher staatliche Erlasse zur Beschränkung von Nutzungsansprüchen gegeben hatte, so etwa 1824 in Bayern beim Waldgebiet Bamberger Hain.

Das langsame Entstehen einer Naturschutzbewegung im 19. Jahrhundert darf freilich nicht zu der Ansicht verleiten, auch der Wandel der Landschaft habe sich nur gemächlich vollzogen. Der Wandel der Land- und Forstwirtschaft hatte profunde Konsequenzen für das Landschaftsbild, die sich vielleicht am ehesten mit dem Begriff der Geometrisierung der Landschaft umschreiben lassen. Wo vormals fließende Übergänge bestanden hatten, bildeten sich nun klare Grenzen heraus: Die Forstreformen resultierten in einer klaren Trennung von Wald und Feld, die Regulierung der Flüsse, für die vor allem die von Johann Gottfried Tulla geplante Korrektur des Oberrheins emblematisch geworden ist, implizierte eine permanente Festlegung des Flussverlaufs, wo vormals Auenwälder und ständige Verlagerungen des Flussbetts die Regel gewesen waren. Der boomende Chausseebau und später der Bau der Eisenbahnen überzog die Landschaft mit einem Wegenetz von neuartiger Geradlinigkeit und optischer Dominanz.

Geometrisierung der Landschaft

Im internationalen Vergleich fällt schließlich die relative Seltenheit einschneidender Naturkatastrophen in der neueren deutschen Geschichte ins Auge. Keine deutsche Stadt erfuhr ein Schicksal, das etwa mit jenem des texanischen Galveston vergleichbar wäre, wo ein Wirbelsturm im September 1900 etwa 7000 Todesopfer forderte. Selbst die Sturmflut von Hamburg 1962 verblasst neben der Überschwemmungskatastrophe in den Niederlanden 1953, wo zeitweise sechs Prozent des Landes unter Wasser standen, fast 20 Prozent aller Wohnstätten beschädigt wurden und mehr als 1800 Menschen in den Fluten ertranken. Bemerkenswert ist auch, dass es für den Haldenabrutsch, der 1966 im walisischen Aberfan 144 Menschenleben forderte, darunter 116 Kinder, in der Geschichte des Ruhrgebiets keine Parallele gibt. Ob dies mit einer relativen Überlegenheit wissenschaftlich-technischer Expertise und bürokratischer Regulierung in Deutschland zusammenhängt oder

Naturkatastrophen

doch eher den vergleichsweise günstigen klimatischen und geographischen Bedingungen Mitteleuropas zu verdanken ist, verdient eine nähere Debatte. Die 10 000 Toten der Hamburger Cholera-Epidemie, aber auch die 500 Toten der Essener Typhus-Epidemie mahnen zur Zurückhaltung mit Spekulationen über eine strukturelle Überlegenheit des preußisch-deutschen Interventionsstaats.

3. Das deutsche Kaiserreich als umwelthistorische Sattelzeit

Auf den ersten Blick war das Kaiserreich von Diskussionen und Problemlagen geprägt, die allgemein für das lange 19. Jahrhundert umwelthistorisch prägend waren: Konflikten um Emissionen, Auseinandersetzungen um die Gesundheitsverhältnisse in den Städten und die Intensivierung der Land- und Forstwirtschaft, dem wachsenden Ressourcenhunger der heraufziehenden Industriegesellschaft. Aber eine solche Sicht verdeckt den qualitativen Wandel der Gesamtsituation: Der Wandel vom Agrar- zum Industriestaat verlieh vielen ökologischen Problemen, die sich mit der industriekapitalistischen Entwicklung verbanden, eine völlig neue Dimension. Die vormals vereinzelten, geographisch isolierten und häufig nur episodischen Problemlagen verdichteten sich nun zu chronischen Krisensituationen, die in den katastrophalen Umweltzuständen im oberschlesischen sowie im rheinisch-westfälischen Industrierevier ihren extremsten Ausdruck fanden. Zugleich regten sich vielerorts Bestrebungen unter staatlicher wie zivilgesellschaftlicher Ägide, die sich mit unterschiedlichem Erfolg um die Lösung oder doch wenigstens Eindämmung der wachsenden Probleme bemühten. Erst dieser Zusammenhang von Problemen und Lösungsversuchen machte das Kaiserreich zu einer umwelthistorischen Sattelzeit, deren Konsequenzen sich bis weit in das Zeitalter der ökologischen Bewegung am Ende des 20. Jahrhunderts nachweisen lassen.

Qualitativer Wandel um 1900

Energiesystem im Übergang

Deutlich wird dieser qualitative Wandel beim Übergang vom vormodernen zum industriegesellschaftlichen Energieregime. Längst widerlegt ist jene hartlebige teleologische Legende, die die Erfindung der Dampfmaschine zum Fanal eines neuen Zeitalters erklärte. Tatsächlich waren die frühen Dampfmaschinen störanfällige Maschinen mit erbärmlichem Wirkungsgrad, die aus guten Gründen bis weit in das 19. Jahrhundert hinein nur langsam in Gebrauch kamen. Es war keineswegs unüblich, die Dampfkraft lediglich als Reserve zu betrachten, die etwa nur dann genutzt wurde, wenn der sonst als Kraftquelle dienende

Fluss nicht mehr genügend Wasser führte. Erst mit der industriellen Ökonomie wurden Unterbrechungen des Betriebs und Produktionsbeschränkungen zu exzeptionellen Ereignissen, die um nahezu jeden Preis zu vermeiden waren. Während das Bewusstsein um die Beschränktheit der Brennstoffreserven zu den Grunderfahrungen des „hölzernen Zeitalters" gehörte, basierte das Industriesystem auf der ständigen und praktisch grenzenlosen Verfügbarkeit von Energie. Das Schlagwort der „Holznot" als Ausdruck der permanenten Knappheitserfahrung fand bezeichnenderweise zunächst keine Entsprechung im Vokabular des Industriezeitalters. Nun dominierte ein bezeichnendes Schweigen, das eine wachsende Sorglosigkeit mit Blick auf die energetischen Grundlagen der eigenen Gesellschaft verriet. Im Schlagwort der „Energiekrise" lebt eine Urerfahrung fort, die durch die scheinbar unbegrenzte Verfügbarkeit von Energie nur vorübergehend verdrängt worden war.

Mythos unbegrenzter Verfügbarkeit

Möglich wurde diese neuartige Sorglosigkeit nur durch den zunehmenden Rückgriff auf fossile, nichterneuerbare Energieträger. In Deutschland war es zunächst vor allem die Steinkohle, die neben Holz, Muskel- und Wasserkraft einen ständig wachsenden Anteil am Energiebedarf der Gesellschaft des 19. Jahrhunderts reklamierte und um 1900 die unangefochtene Schlüsselressource der deutschen Industriegesellschaft darstellte. Im 20. Jahrhundert traten dann mit Braunkohle, Erdöl und Erdgas sowie der Atomkraft andere Energieträger neben die Steinkohle, ohne diese jedoch ganz zu verdrängen. In der jüngsten Vergangenheit stieg erstmals seit dem 19. Jahrhundert wieder der Prozentanteil regenerativer Energiequellen, wobei in der Stromerzeugung vor allem Wasserkraft und Windenergie ins Gewicht fallen. Auch wenn regenerative Energien mit einem Anteil von 3,6 Prozent am Primärenergieverbrauch 2004 noch deutlich eine Stellung nur als Nischentechnologien besitzen, ist das rasante Wachstum in den vergangenen Jahren bemerkenswert.

Entwicklung der Energieträger

Der qualitative Wandel der Mensch-Umwelt-Beziehung um 1900 manifestierte sich vor allem in den rasch wachsenden Großstädten des Kaiserreichs. Hier besaßen die neuartigen Umweltprobleme eine Unmittelbarkeit, die heute zumindest in Zentraleuropa nur noch selten erfahrbar ist. Man konnte die neuartigen Umweltprobleme buchstäblich riechen, hören, sehen und schmecken. Nicht zufällig waren es deshalb die Großstädte des Kaiserreichs, die als Taktgeber der Umweltpolitik fungierten und dafür im Rahmen der städtischen Leistungsverwaltung auch erhebliche Mittel zu investieren bereit waren. Staatliche Initiativen fehlten zwar keineswegs, blieben aber an Bedeutung deutlich hinter denen der Kommunen zurück.

Großstädte als Motoren der Umweltpolitik

Wasserwirtschaft der Großstädte

Besonders deutlich wurde dies in den Bemühungen der Städte um eine zentrale Versorgung mit sauberem und hygienisch unbedenklichem Trinkwasser, die an die Stelle der traditionellen Versorgung aus Brunnen, Zisternen und natürlichen Wasserläufen trat. Bald griffen die Großstädte dabei weit in ihr Umland aus: Frankfurt bezog seit 1873 den Großteil seines Wassers aus dem 70 Kilometer entfernten Vogelsberg, München baute eine Fernwasserleitung über rund 40 Kilometer ins Mangfalltal; im Sauerland entstanden unter der Ägide des Ruhrtalsperrenvereins in den beiden Jahrzehnten vor dem Ersten Weltkrieg elf Talsperren mit einem Fassungsvermögen von bis zu 134 Millionen Kubikmetern. Parallel lief der Ausbau der Kanalisation, um die neuartigen Abwassermengen zu bewältigen. Die Entwicklung in Deutschland folgte der englischen mit einem „time-lag" von etwa 20 Jahren, vollzog sich jedoch im internationalen Vergleich zumindest in den größeren Städten relativ rasch, so dass etwa in Berlin schon 1885 etwa 90 Prozent der Haushalte an die Kanalisation angeschlossen waren. Die damit verbundenen Kosten lassen sich am Beispiel der Stadt München verdeutlichen, die von 1870 bis 1900 rund 17,5 Millionen Mark in die Wasserversorgung und 23,7 Millionen Mark in die Kanalisation investierte. Für den Bau von Krankenhäusern gab die Stadt im gleichen Zeitraum nur 3,5 Millionen Mark aus.

Kontroversen um die Schwemmkanalisation

Der Entscheidung für die Schwemmkanalisation war eine intensive Debatte vorausgegangen, die zu den heftigsten technischen Kontroversen des 19. Jahrhunderts gehörte. Angeheizt wurde sie von unterschiedlichen Gesundheitskonzepten sowie dem Gegensatz zwischen städtischen Entsorgungs- und ländlichen Nutzungsinteressen. Zudem gab es in Anbetracht der hohen Infrastrukturkosten ein erhebliches Risiko enormer Fehlinvestitionen. Erst seit den 1880er Jahren zeichnete sich die Abkehr von Abfuhr- und Tonnensystemen und die Hinwendung zur Schwemmkanalisation ab. Noch 1877 hatten in Preußen lediglich 21 Städte über eine Kanalisation verfügt, die wiederum nur in 12 Fällen nach zeitgenössischem Urteil „planmäßig" angelegt worden war. Bemerkenswert ist dabei, dass die Entscheidung in vielen Städten noch unter dem Eindruck der Miasmatheorie getroffen wurde, die in übelriechenden, aus dem Boden aufsteigenden Gasen die Ursache der Cholera vermutete und deshalb die Entwässerung des Bodens zur Kernaufgabe der Gesundheitspflege erklärte, die Widerlegung der Miasmatheorie durch Robert Koch im späten 19. Jahrhundert den globalen Siegeszug der Schwemmkanalisation jedoch nicht mehr aufzuhalten vermochte.

Aus urbaner Perspektive trug die Schwemmkanalisation Züge einer Patentlösung, die gemeinsam mit der etwa zeitgleich eingeführten

Müllabfuhr sämtliche Abfallstoffe aus dem Gesichtskreis der Städte entfernte. Umwelthistorisch war sie die wohl folgenreichste Infrastrukturentscheidung des Kaiserreichs, da so der Primat der Abfuhr vor der Vermeidung des Unrats buchstäblich in Stein gemauert wurde. Als populärste Reinigungstechnik kristallisierte sich – allerdings mit erheblichen regionalen Unterschieden – die Versickerung der Abwässer auf speziellen Rieselfeldern vor den Toren der Stadt heraus. Oft wurde das Abwasser aber auch ungeklärt in das nächste verfügbare Gewässer eingeleitet; die erste moderne Kläranlage wurde zwar schon 1887 in Frankfurt-Niederrad eröffnet, blieb aber vorerst schon aus Kostengründen eine seltene Einrichtung, zumal die Schwemmkanalisation durch die Vermischung sämtlicher Abwässer deren Reinigung erschwerte. Außerdem erforderte eine funktionsfähige Schwemmkanalisation ein gewisses Mindestniveau des urbanen Wasserkonsums, was aber die Hygienebewegung zunächst kaum störte, zumal diese mit dem Wasserklosett eine Technik propagierte, die bis heute zu den Großverbrauchern zählt. Bezeichnenderweise scheint sich die Verbrauchsmessung durch Wasseruhren erst allmählich durchgesetzt zu haben.

<small>Langfristige Konsequenzen</small>

Zögerlicher agierten die Städte auf dem Gebiet der Stadtplanung. Zwar verhinderten Baupolizeiordnungen jenen Wildwuchs, der etwa in englischen oder amerikanischen Industriestädten das Stadtbild prägte, eine vorausschauende Planung der Gesamtentwicklung gab es jedoch zunächst kaum. Erst in den 1890er Jahren begannen die deutschen Großstädte, ausgehend von einer Initiative des Frankfurter Oberbürgermeisters Franz Adickes, mit der Entwicklung von Zonenbauordnungen, die den einzelnen Stadtteilen unterschiedliche Funktionen als Wohn-, Fabrik- oder gemischte Viertel zuwiesen. Zwar hatte es auch schon vorher rechtliche Instrumente gegeben, so etwa die in der Reichsgewerbeordnung vorgesehene Möglichkeit der Einrichtung spezieller Fabrikviertel, die Stadtverwaltungen machten von diesen Optionen jedoch auffallend selten Gebrauch. Es spiegelt die Inkonsequenz der städtischen Politik, dass selbst eine Stadt wie Dresden noch um 1900 ausgerechnet das Gebiet unmittelbar westlich des Zentrums als Fabrikviertel auswies. Als sich die Großstädte im frühen 20. Jahrhundert langsam für eine aktive Planung der Stadtentwicklung erwärmten, hatten sich die Stadtstrukturen zumeist schon in hohem Maße verfestigt. Der in Mitteleuropa vorherrschende Westwind, der östlich des Zentrums gelegenen Stadtvierteln überproportionale Verschmutzungslasten bescherte, war für die Entwicklung der deutschen Großstädte bis weit ins 20. Jahrhundert hinein wichtiger als gezielte Planung.

<small>Zögerliche Stadtplanung</small>

I. Enzyklopädischer Überblick

Innerstädtische Grünanlagen

Erfolgreicher waren die Kommunen bei der Schaffung von Parks und Grünanlagen, denen eine keineswegs zu unterschätzende Bedeutung für die Erholung der Stadtbewohner sowie das Stadtklima zukam. Wenige Großstädte waren so glücklich wie München und Berlin, die mit dem Englischen Garten bzw. dem Tiergarten seit dem 18. Jahrhundert über ausgedehnte stadtnahe Parkanlagen verfügten. Typischer war die Entwicklung in Bochum, wo die ehemalige Stadtweide 1877 in einen öffentlichen Park umgewandelt wurde, der bis 1902 auf eine Fläche von 30 Hektar wuchs und von Mitgliedern aller Bevölkerungsschichten frequentiert wurde. Häufig boten auch ehemalige Befestigungsringe eine innerstädtische Platzreserve für Grünanlagen, die in manchen Fällen bis heute im Stadtbild zu erkennen ist, so etwa im westfälischen Münster.

Naherholungsgebiete

Zugleich entwickelte sich mit dem Ausbau des Nahverkehrs ein lebhafter Ausflugsverkehr in attraktive Gebiete im Umland der Großstädte, so etwa von Hamburg in die Lüneburger Heide. Ebenfalls der Erholung und Gesundheitspflege, aber auch der Selbstversorgung dienten die beliebten Kleingärten, von denen es 1927 allein in Berlin 137 000 gab.

Wandel der Siedlungsmuster

Die vom britischen Schriftsteller Ebenezer Howard 1898 propagierte „Gartenstadt" wurde zur utopistischen Vorlage für die aufgelockerten Gartensiedlungen im Randbereich der Großstädte, die ein für das 20. Jahrhundert prägendes, aber zugleich durch Flächenverbrauch und Infrastrukturanforderungen ungemein folgenreiches Siedlungsmuster definierten. Trotz gelegentlicher Rückschläge – in München musste kurz vor dem Ersten Weltkrieg der im Abwind des Hauptbahnhofs gelegene Botanische Garten in die Außenbezirke verlegt werden – wurde das innerstädtische Grün zu einem selbstverständlichen Element der deutschen Stadtlandschaft, dessen Bedeutung heute oft erst durch dessen Fehlen in außereuropäischen Metropolen ins Bewusstsein tritt.

Kontroversen um Wasserverschmutzung

Langfristig folgenreich war auch, dass sich die erste große Kontroverse um die Verschmutzung der Gewässer auf die Hygieneinteressen der Städte fokussierte und nicht auf die Abwässer der Industrie. Seit Mitte der 1870er Jahre räumte der preußische Staat der Reinhaltung der Flüsse einen deutlichen Vorrang gegenüber den sanitären Interessen der Städte ein und versagte einigen großstädtischen Kanalisationsprojekten wegen fehlender Reinigungsanlagen die Genehmigung, so etwa in Köln, Frankfurt und Stettin.

Unklare Haltung des Staates

Seit den späten 1880er Jahren reagierte die preußische Ministerialverwaltung jedoch mit einer deutlich permissiveren Genehmigungspraxis auf den Druck der Städte, die mit dem Deutschen Verein für öffentliche Gesundheitspflege auch das mächtige Sprachrohr der Hygienebewegung auf ihrer Seite hatten. Da-

3. Das deutsche Kaiserreich als umwelthistorische Sattelzeit

mit war der Staat in einer denkbar ungünstigen Lage, als in der Folgezeit immer mehr die industriellen Abwässer ins Zentrum des Interesses rückten. Die Großstädte hatten dem Staat eine zunehmend uneinheitliche, gegenüber Einzelinteressen sehr flexible Haltung aufgezwungen und danach fand der Staat für Jahrzehnte nicht mehr zu einer klaren Linie zurück.

Konflikte um industrielle Wasserverschmutzung waren im Kaiserreich zumeist lokal begrenzt, dort jedoch von ungemein hoher Brisanz. Den übelsten Ruf besaßen die chemischen Fabriken, deren Abwässer sogar im Reichstag Gegenstand ätzenden Spotts wurden. Im Ruhrgebiet entledigten sich Stadtverwaltungen und Industrie ihrer Verschmutzungsprobleme, indem sie die Emscher zum allgemeinen Abwasserkanal des Industriereviers erklärten, die daraufhin für Jahrzehnte zum schmutzigsten Fluss Europas und möglicherweise der Welt wurde. Der Schlamm der Emscher war so stark mit brennbaren Substanzen angereichert, dass er zeitweise ausgebaggert und in einem Kraftwerk zur Stromerzeugung verfeuert wurde. Darüber sind aber nicht andere wichtige Verschmutzer zu übersehen wie etwa Zellstofffabriken oder die Zuckerrübenfabriken, die Wilhelm Raabe zu seinem 1883/84 verfassten Roman „Pfisters Mühle" inspirierten, dem vermutlich ersten Öko-Roman der deutschen Geschichte, der zunächst allerdings ein literarischer Flop war. Dabei hätte Raabe sein Buch noch weitaus eindringlicher schreiben können, wenn er sich mehr Zeit gelassen hätte: Im Winter 1884/85 führte die Verschmutzung durch die Zuckerrübenindustrie zum Zusammenbruch der Braunschweiger Trinkwasserversorgung, so dass die Bevölkerung sämtliche Hygienegewohnheiten suspendierte und die Stadt, wie Raabe an seine Tochter schrieb, „der reine Schweinestall" wurde. In Wirklichkeit endete der Prozess zwischen zwei Müllern und der Aktienzuckerfabrik Rautheim, der Raabe als Vorlage gedient hatte, übrigens anders als im Roman, nämlich mit dem Sieg des Müllers vor dem Reichsgericht. Kennzeichnend für das Regulierungssystem, das sich in der Sattelzeit der Umweltpolitik formierte, war schließlich weniger eine grundsätzliche Parteinahme für die Industrie als eine enorme Komplexität und Rechtsunsicherheit, die Beschwerden und Prozesse letztlich zu einem Glücksspiel machten.

<small>Industrielle Abwässer</small>

Das galt auch für den Bereich der Luftreinhaltung, wo die erwähnten Bestimmungen der Reichsgewerbeordnung weiterhin bestimmend blieben. Im Konzessionsverfahren wurde eine Einzelfallprüfung der prospektiven Emissionen vorgenommen und die Genehmigung zumeist unter Auflagen erteilt, die danach aber nur noch unregelmäßig überprüft wurden. Zwar standen die Chancen, durch eine Beschwerde

<small>Luftverschmutzung</small>

bei den Behörden eine Minderung der Immissionsbelastung durch einen einzelnen Betrieb zu erreichen, zumindest bei einigen Schadstoffen nicht schlecht. In Anbetracht der Vielzahl der Emissionsquellen in einer industrialisierten Gesellschaft war ein Vorgehen je nach Lage des Einzelfalls jedoch schlechterdings anachronistisch. Letztlich resultierte das Vorgehen der Behörden in einer grotesken Uneinheitlichkeit: Während Waldbesitzer in entlegenen Gebieten zum Teil recht gut an den Entschädigungsleistungen verdienten, die die Hüttenwerke aufgrund der von ihnen verursachten „Rauchschäden" zu zahlen hatten, wurden die chronischen Verschmutzungsprobleme der Großstädte kaum nennenswert bekämpft. In industriellen Ballungsräumen wie dem Ruhrgebiet hatten die Beamten, von seltenen Ausnahmen abgesehen, faktisch kapituliert.

Verwissenschaftlichung der Umweltpolitik

Nur in einer Hinsicht verfolgten die Behörden im Umgang mit Umweltverschmutzung einen klaren Kurs, nämlich in ihrem Vertrauen auf wissenschaftliche Expertise. Die 1901 gegründete Königliche Versuchs- und Prüfungsanstalt für Wasserversorgung und Abwässerbeseitigung, die seit 1923 als Preußische Landesanstalt für Wasser-, Boden- und Lufthygiene auch für Emissionsprobleme zuständig war, verkörperte deutlich die Hoffnung auf die Problemlösungskraft wissenschaftlich-technischer Experten und zugleich deren wachsendes Selbstbewusstsein. Allerdings vermehrte dies im Endeffekt eher die Unübersichtlichkeit und Komplexität des Themenfeldes – allein die Landesanstalt produzierte bis 1954 mehr als 12 000 Akten! –, zumal seit der Jahrhundertwende kaum noch Initiativen zu erkennen waren, die der Zersplitterung der Umweltpolitik in eine verwirrende Vielfalt von Einzelfalllösungen entgegensteuerten. Ein eklatanter Mangel an Transparenz und eine enorme Bereitschaft der Behörden, auf individuelle Klagen mit Sonderregelungen und Improvisationen zu reagieren, wurden zu Strukturmerkmalen des deutschen Regulierungsstils. Die enorme Unübersichtlichkeit, die bis heute aus dem deutschen Umweltrecht nicht verschwunden ist, ist auch das Resultat der Entscheidungen bzw. genauer der Nicht-Entscheidungen in der Sattelzeit der Umweltpolitik.

Strukturprobleme des deutschen Regulierungsstils

Lärm

Auch im Umgang mit Lärmproblemen verfolgte die Verwaltung keine klare Linie, beschränkte sich im Wesentlichen auf das Abarbeiten von Beschwerden und lavierte ständig zwischen den unterschiedlichen Interessen. Zwar existierte hier – außergewöhnlich für die Zeit des Kaiserreichs – mit dem 1908 von Theodor Lessing gegründeten Antilärm-Verein eine organisierte Vertretung der Betroffenen. Die Wortmeldungen des Vereins troffen jedoch geradezu von bildungs-

Vereinsgründungen

3. Das deutsche Kaiserreich als umwelthistorische Sattelzeit 21

bürgerlicher Arroganz, so dass der Verein nur kurzzeitig auf mehr als 1000 Mitglieder anschwoll und bald wieder in der Versenkung verschwand. Der Antilärm-Verein war jedoch Teil der bemerkenswert bunten Vereinslandschaft des Kaiserreichs, die ökologische Fragen unterschiedlichster Art aufgriff. Dazu zählte etwa die Tierschutzbewegung, die neben der Tierversuchskritik (Anti-Vivisektionismus), die stark von den Auseinandersetzungen zwischen Schulmedizin und Naturheilkunde motiviert war, auch den Kampf gegen das jüdische Schächten auf ihre Fahnen schrieb und sich bis in die NS-Zeit hinein eng mit der antisemitischen Bewegung verband. Zu nennen ist weiter die Vogelschutzbewegung, die sich um die Jahrhundertwende von ihren Wurzeln in der land- und forstwirtschaftlichen Schädlingsbekämpfung emanzipierte und zu einer eigenen, sozial heterogenen Bewegung wurde, wobei der 1899 in Stuttgart gegründete Bund für Vogelschutz den mit Abstand größten Zulauf hatte. Unter dem Dach der Lebensreformbewegung befanden sich mit der Siedlungs- und Landkommunebewegung, dem Wandervogel, der Ernährungsreform und dem Vegetarismus weitere Bewegungen, die nach heutigem Verständnis zur Genealogie der Umweltbewegungen gehören.

<small>Tier- und Vogelschutz</small>

<small>Lebensreformbewegung</small>

Besonders rasant war der Aufstieg der Heimat- und Naturschutzbewegung. Hier war die Vereinslandschaft in besonderem Maße fragmentiert, so dass ein konziser Überblick schwerfällt. 1904 wurde der Bund Heimatschutz als Dachorganisation der regionalen Heimatschutzverbände gegründet, 1909 gefolgt vom Verein Naturschutzpark, der sich für die Schaffung großflächiger Schutzgebiete insbesondere in der Lüneburger Heide und den Hochalpen engagierte; 1905 gründete sich in München nach österreichischem Vorbild die erste Ortsgruppe der sozialdemokratischen Naturfreunde. Unter den regionalen Naturschutzverbänden ragt vor allem der 1913 gegründete Bund Naturschutz in Bayern heraus, der in der Zwischenkriegszeit zu einem der größten Naturschutzvereine Europas anwuchs. Bemerkenswert ist die rasche Reaktion der staatlichen Verwaltung. Seit 1902 war der Schutz der Naturdenkmäler im hessischen Denkmalschutzgesetz verankert, 1905 erfolgte mit dem Landesausschuss für Naturpflege in Bayern die erste Institutionalisierung des Naturschutzes in Deutschland. Folgenreich war vor allem die Gründung der Staatlichen Stelle für Naturdenkmalpflege in Preußen 1906, die im Verbund mit Ausschüssen auf Provinzebene ein weltweit einmaliges Naturschutznetzwerk anführte. Im Zusammenspiel von staatlichen und zivilgesellschaftlichen Initiativen entfaltete sich eine verwirrende Vielzahl von Einzelmaßnahmen, Verordnungs- und Gesetzgebungsprojekten und auch wenn die Bewegung

<small>Heimat- und Naturschutzbewegung</small>

<small>Rasche staatliche Reaktion</small>

von empfindlichen Niederlagen wie etwa im reichsweit Aufsehen erregenden Kampf um die Laufenburger Stromschnellen keineswegs verschont blieb, so war die Bilanz am Vorabend des Ersten Weltkriegs doch zweifellos beeindruckend. Der Naturschutz ist überdies ein Paradebeispiel für die langfristige Bedeutung der Weichenstellungen des Kaiserreichs, denn die etablierten Strukturen blieben ebenso wie die Leitvorstellungen der Aktivisten bis weit in die Nachkriegszeit hinein erstaunlich stabil. Der erfolglose Versuch einiger hochrangiger Heimatschützer, durch eine vertrauliche Denkschrift die Schaffung einer entschädigungslosen Enteignungsoption zu erreichen, verriet allerdings zugleich ein vordemokratisches Politikverständnis und auch eine bemerkenswerte Unempfindlichkeit gegenüber den Interessen der von Naturschutzmaßnahmen Betroffenen.

„Große Zeit der Scheinlösungen"?

War die Sattelzeit der Umweltpolitik zugleich eine „große Zeit der Scheinlösungen", wie Joachim Radkau vor fast zwei Jahrzehnten schrieb? In einigen Fällen waren die vermeintlichen Problemlösungen tatsächlich eher Problem*verlagerungen*. Die Schwemmkanalisation entlastete die Großstädte auf Kosten der Sauberkeit der Flüsse, beim Immissionsschutz waren hohe Schornsteine in vielen Fällen die einzige Reinigungstechnologie. Andererseits atmet die Kritik an den „Scheinlösungen" deutlich den Geist eines späteren Zeitalters. Einiges spricht dafür, dass die Prioritäten der Umweltpolitik des Kaiserreichs – wenn auch häufig nicht die Ergebnisse – durchaus den Präferenzen der zeitgenössischen Großstadtbewohner entsprachen. Aus Sicht der ländlichen Gesellschaft hätten sich zum Teil andere Zielvorstellungen ergeben, aber die nichturbane Bevölkerung fand weder im Kaiserreich noch danach zu einer klaren Stimme in umweltpolitischen Fragen. Darin steckt das vielleicht langlebigste Erbe der Sattelzeit der Umweltpolitik: Seit dem Kaiserreich dominieren in der umweltbezogenen Politik die urbanen Präferenzen.

Fragmentierung der Bestrebungen

Insgesamt bleibt die Kritik an den „Scheinlösungen" unbefriedigend, weil sie nur die Symptome, nicht aber die Ursachen für die folgenreichen Weichenstellungen des Kaiserreichs berührt. Tatsächlich besaß die Debatte über Umweltthemen im Kaiserreich einen Intensitätsgrad, der bis weit in die Nachkriegszeit hinein unerreicht blieb. Die Sattelzeit der Umweltpolitik war geprägt von einer beeindruckenden Fülle von Initiativen und Institutionen, Vereinen und Einzelpersonen, die sich um eine Verbesserung der zeitgenössischen Umweltsituation bemühten, und vermutlich hätten diese noch wesentlich mehr zu erreichen vermocht, wenn die Bestrebungen nicht in hohem Maße fragmentiert gewesen wären. Gerade im internationalen Vergleich fällt die außergewöhnliche Zersplitterung der Kräfte im kaiserlichen Deutschland ins Auge, die zu Reibungsverlusten und zahlreichen Konflikten führten, die zwangsläufig die reformerischen Möglichkeiten beschränkten. Was sich später unter dem Oberbegriff „Umwelt" versammeln sollte, firmierte im Kaiserreich noch unter vielfältigen Leitvokabeln von „Hygiene" bis „Heimat". Warum die disparaten Bestrebungen in so hohem Maße voneinander isoliert blieben und häufig eher gegen- als miteinander kämpften, ist eine der ungeklärten Fragen der deutschen Umweltgeschichte.

4. Weimarer Republik und Nationalsozialismus

Die dreieinhalb Jahrzehnte zwischen dem Ausbruch des Ersten Weltkriegs und der Gründung der beiden deutschen Staaten gehören bekanntlich zu den ereignisreichsten der neueren Geschichte. In umweltpolitischer Beziehung ist das Bild weniger eindeutig: Zwischen der umwelthistorischen Sattelzeit um 1900 und den Umwälzungen der Nachkriegszeit erscheinen diese Jahrzehnte wie eine Phase relativer Ruhe, in der sich politische Praktiken – allerdings nicht ohne Ausnahmen – ohne große Umschwünge innerhalb der im Kaiserreich etablierten Bahnen weiterentwickelten. Zumindest in der Tendenz verschwanden Umweltthemen hinter akuteren politischen und sozioökonomischen Problemen. Insgesamt gesehen muss man deshalb wohl von eher ungünstigen Voraussetzungen für eine öffentliche Beschäftigung mit ökologischen Themen reden. Der ökologische Wandel war im Zeitalter des „europäischen Bürgerkriegs" nahezu durchweg stärker ausgeprägt als das gesellschaftliche Bewusstsein für diesen Wandel.

Das galt insbesondere für den landwirtschaftlichen Bereich, wo mit der verstärkten Maschinisierung und Chemisierung der agrarischen Produktion ein Wandlungsprozess einsetzte, der letztlich zur industrialisierten Landwirtschaft der Gegenwart hinführen sollte. Allerdings verliefen die Anfänge dieser Entwicklung alles andere als reibungslos: Die neuartigen Traktoren und andere landwirtschaftliche Maschinen erwiesen sich zunächst als störanfällig und führten zu einer ungünstigen Verdichtung der Böden und der in neuartigem Umfang verwendete Kunstdünger erbrachte oftmals nicht den erhofften Mehrertrag und erwies sich zudem als ökologisch prekär, da übermäßige Stickstoffdüngung vielerorts eine problematische Versauerung der Böden hervorrief. Vorkämpfer der Intensivierung war zunächst vor allem die Agrarbürokratie im engen Schulterschluss mit der Kunstdüngerindustrie und

Intensivierungskrise der Landwirtschaft

Maschinenproduzenten, während bei den Landwirten, nicht selten unter dem Eindruck kostspieliger Fehlinvestitionen, ein deutliches Misstrauen überwog. Symptomatisch für diese Vertrauenskrise war die Entstehung eines alternativen Systems der Bodenbewirtschaftung in Form des biologisch-dynamischen Landbaus, der sich im Anschluss an Rudolf Steiners „Landwirtschaftlichen Kurs" 1924 formierte und unter Landwirten zunächst auf lebhaftes Interesse traf. Auch wenn sich die konventionelle Landwirtschaftslehre am Ende durchsetzte und Alternativen zur chemieintensiven, zunehmend industrielle Züge annehmenden Agrarproduktion in Randbereiche abgedrängt wurden, wirkte die Intensivierungskrise der 1920er Jahre noch einige Zeit nach. Einiges spricht dafür, dass Chemisierung und Maschinisierung im Agrarbereich erst dann ihre volle Dynamik entfalten konnten, als die ambivalenten Erfahrungen der Zwischenkriegszeit aus dem generationellen Gedächtnis verschwunden waren.

Entstehung des alternativen Landbaus

In der Forstwirtschaft kulminierte in der Zwischenkriegszeit die Diskussion über Alternativen zum Altersklassenwald mit Nadelholzreinkulturen, der seit dem späten 19. Jahrhundert fachintern zunehmend in die Kritik gekommen war. Höhepunkt der Reformbestrebungen war die Ernennung Walter von Keudells zum Leiter des Reichsforstamts durch Hermann Göring 1934. Dadurch wurde das Dauerwaldkonzept, das altersmäßig durchmischte Bestände und eine kontinuierliche Waldnutzung anstelle des Kahlschlags vorsah, zur offiziellen forstlichen Doktrin NS-Deutschlands. Der Widerstand innerhalb der Forstverwaltung war freilich gewaltig und trug wesentlich zur Ablösung von Keudells 1937 bei. Die „naturgemäße" Waldwirtschaft, die von seinem Nachfolger Friedrich Alpers als neue Leitlinie ausgeben wurde, erwies sich als notdürftige Bemäntelung der Übernutzung der Wälder im Zeichen von Autarkie- und Kriegswirtschaft. Nach dem Zweiten Weltkrieg gewann die Nadelholzhochwaldwirtschaft noch einmal an Dynamik, so dass heute auf etwa zwei Dritteln der Waldfläche Nadelbäume stehen, vor allem Fichten und Kiefern. 1990 wuchsen auf über 90 Prozent der bundesdeutschen Waldfläche weitgehend entmischte Altersklassenwälder.

Alternativen zum Altersklassenwald?

Entwicklung der Waldwirtschaft

Die Entwicklung der Land- und Forstwirtschaft in der Zwischenkriegszeit ist insofern ein eindringliches Memento, die Umweltgeschichte des Industriezeitalters nicht lediglich als alternativlose Einbahnstraße zu immer größerer Umweltzerstörung zu schreiben. In manchen Bereichen war sogar ein Abschied von ökologisch zweifelhaften Praktiken der Vorkriegszeit zu erkennen. Das galt insbesondere für die Nutzung fossiler Brennstoffe, deren Effizienz im Gefolge der

4. Weimarer Republik und Nationalsozialismus

kriegsbedingten Kohlennot deutliche Fortschritte zeigte. Nachdem die weitgehend problemlose Verfügbarkeit der Steinkohle im Kaiserreich noch ein Klima der Sorglosigkeit genährt hatte, das von der künstlichen, durch die Verkaufspolitik des Rheinisch-Westfälischen Kohlensyndikats hervorgerufenen Kohlenknappheit um 1900 nur vorübergehend durchbrochen worden war, entfalteten sich nun unter dem Schlagwort „Wärmewirtschaft" hektische Bemühungen um eine Steigerung der Brennstoffausnutzung. Allerdings geriet die Wärmewirtschaft in eine Krise, als sich die Lage auf dem Brennstoffmarkt Mitte der 1920er Jahre wieder entspannte. Hinter der neuen Wertschätzung einer effizienten Energienutzung standen eben ökonomische Zwänge und nicht etwa eine neue normative Grundhaltung der Bevölkerung. Das klägliche Scheitern von Konzepten einer dezentralen, auf Wind- und Wasserkraft basierenden Energieversorgung, wie sie etwa von Franz Lawaczek in der NS-Zeit propagiert wurden, spiegelte diesen Primat der Ökonomie und der großindustriellen Verbundwirtschaft treffend wider.

Entwicklung der Wärmewirtschaft

Die zunehmende Energieeffizienz verminderte zwar die Rauch- und Rußemissionen, die im Kaiserreich als typische Anzeichen ineffizienter Brennstoffausnutzung das Bild der Großstädte geprägt hatten. Die wachsende Zentralisierung der Energieproduktion in Großkraftwerken führte jedoch unerwartet zu einem neuen Emissionsproblem, da durch die höheren Gasgeschwindigkeiten im Brennraum zunehmend unbrennbare Bestandteile der Kohle durch den Schornstein gesaugt wurden. Der resultierende Flugascheregen erreichte dann rasch ein Ausmaß, das selbst unter Ruhrgebietsbedingungen als inakzeptabel galt: Die Gewerkschaft Mont Cenis bei Herne wurde 1928 von den Behörden unter Androhung der Betriebsschließung zur Nachrüstung mit Abgasfiltern gezwungen. Dies traf sich mit einer neuartigen technikwissenschaftlichen Dynamik beim Bau von Abgasreinigungsanlagen, die zu den bemerkenswerteren umwelthistorischen Entwicklungen der Zwischenkriegszeit gehört. Seit um 1910 Frederick Cottrell in Kalifornien und Erwin Möller in Brackwede bei Bielefeld die ersten funktionsfähigen Elektrofilter konstruiert hatten, gab es eine lebhafte Konkurrenz zwischen den Herstellern von mechanischen, Nass- und Elektrofiltern, die zu deutlichen Steigerungen der Reinigungseffizienz und der Betriebssicherheit führte und die Staubtechnik zu einem Boomsektor der ingenieurwissenschaftlichen Forschung und Entwicklung machte. Zum ersten Mal entwickelte sich damit um eine Technik des Umweltschutzes ein größeres Netzwerk von Firmen und technischen Experten, das mit dem 1928 gegründeten Fachausschuss für Staub-

Neuartige Emissionsprobleme

Anfänge der modernen Umwelttechnik

technik im Verein Deutscher Ingenieure sein organisatorisches Zentrum fand. Zugleich begann damit ein zunächst kaum spürbarer Wandel in den Grundstrukturen umweltpolitischer Debatten: Fortan waren nicht mehr nur die Klagen der Betroffenen ein Motor der Umweltpolitik, sondern auch die Professions- und Geschäftsinteressen der Vertreter der Reinigungstechnologien.

Umweltpolitischer Stillstand

Der Aufschwung der Staubtechnik kontrastierte freilich stark mit dem allgemeinen Stillstand, der die umweltpolitische Debatte der Zwischenkriegszeit kennzeichnete. Nachdem die Luft- und Wasserverschmutzung im Kaiserreich noch lebhafte Debatten ausgelöst hatten, die zumindest die Möglichkeit grundsätzlicher Reformen eröffnet hatten, dominierte nun die rechtliche und institutionelle Kontinuität und die Weiterentwicklung in den zuvor eingeschlagenen Richtungen. Gesellschaftlich blieb dies in bemerkenswertem Umfang unumstritten, wobei die Schwäche des öffentlichen Protests wohl weniger mit Akzeptanz und Gewöhnung als mit den politischen und sozioökonomischen Krisen der 1920er und 1930er Jahre zu tun hatte. Ein isolierter Versuch des Siedlungsverbands Ruhrkohlenbezirk Mitte der 1920er Jahre, eine systematische Bekämpfung der regionalen Luftverschmutzungsprobleme zu initiieren, blieb aufgrund des hinhaltenden Widerstands von Behörden und Industrie schon im Ansatz stecken. Vereinzelte Reformdebatten in der NS-Zeit, etwa im Reichsnährstand und in der Akademie für deutsches Recht, änderten wenig an der Dominanz eines behördlichen „business as usual".

Naturschutz in der Weimarer Republik

Weniger eindeutig war die Entwicklung im Bereich des Natur- und Landschaftsschutzes, der in besonderer Weise zum Spielball der großen Politik wurde. Der Naturschutz der Weimarer Republik war vor allem von der Kontinuität der verbandlichen und administrativen Strukturen geprägt. Nachdrückliche Verbesserungen blieben insgesamt gesehen rar, die Berücksichtigung des Natur- und Landschaftsschutzes in Artikel 150 der Weimarer Verfassung ein Symbol, das sich als uneingelöstes Versprechen entpuppte: Die Verabschiedung von Naturschutzgesetzen in Lippe, Anhalt und Hessen war aus zeitgenössischer Sicht weniger bedeutend als das Scheitern eines entsprechenden Gesetzes in Preußen. Immerhin wurde die gesamtdeutsche Vernetzung durch die Durchführung von insgesamt vier Naturschutztagen zwischen 1925 und 1931 gestärkt, die auch die öffentliche Sichtbarkeit des amtlichen Naturschutzes förderten. Einen breiten Aufschwung der Naturschutzarbeit gab es jedoch nur vereinzelt im regionalen Rahmen wie etwa der preußischen Provinz Westfalen, wo die Zahl der Naturschutzgebiete bis 1932 auf 56 anstieg. Andererseits konnten sich die gewach-

4. Weimarer Republik und Nationalsozialismus

senen Strukturen im internationalen Vergleich durchaus sehen lassen. Eine niederländische Studie attestierte Deutschland 1931 die leistungsfähigste Naturschutzverwaltung Europas. Schon 1920 war die Regelungsdichte in Preußen so hoch, dass eine autoritative Synthese des Naturschutzrechts mehr als 300 Seiten umfasste.

In der kollektiven Erinnerung verblasste die Naturschutzarbeit der Weimarer Republik freilich gegenüber der NS-Zeit, die den Naturschützern als geradezu rauschhafte Erfahrung im Gedächtnis blieb. Während die Naturschutzarbeit der 1930er Jahre in anderen europäischen Ländern von Stagnation und Rückschritten geprägt war, gab es im nationalsozialistischen Deutschland einen regelrechten Boom. Entscheidend war dafür die Verabschiedung des Reichsnaturschutzgesetzes im Juni 1935, das mit weitreichenden Bestimmungen nahezu alle Wünsche der zeitgenössischen Naturschützer erfüllte und überdies durch die Schaffung einer entschädigungslosen Enteignungsoption gemäß dem NS-Grundsatz „Gemeinnutz vor Eigennutz" neuartige Vollzugsmöglichkeiten bescherte. In der Folge verkürzten sich die Fristen bei der Ausweisung von Naturschutzgebieten drastisch und die Zahl der Naturschutzgebiete schoss bis etwa 1940 rapide in die Höhe. Zugleich begann mit der Ausweisung von Landschaftsschutzgebieten und der Anstellung von so genannten „Landschaftsanwälten" im Rahmen des Autobahnbaus eine Erweiterung der klassisch-konservierenden Naturschutzarbeit durch eine planerisch-gestaltende Landschaftspflege. Allerdings blieben die Ergebnisse dieser Arbeit weit hinter jenen in den klassischen Tätigkeitsfeldern des Naturschutzes zurück, zum Teil aufgrund der Zurückhaltung in etablierten Naturschutzkreisen, die überwiegend kleinräumigen Schutzkonzepten verhaftet blieben, aber auch aufgrund des Widerstands anderer Fraktionen, der vor allem im Autobahnbau besonders ausgeprägt war. Erst als der größte Teil der Autobahnen bereits eröffnet oder im Bau war, wurde die vom „Reichslandschaftsanwalt" Alwin Seifert propagierte geschwungene Linienführung zur verbindlichen Leitlinie. Insgesamt betrugen die Investitionen für die Landschaftspflege im Rahmen des Autobahnbaus nur etwa ein Promille der Gesamtkosten.

Eine Zeitlang hat man hinter diesem Boom der Naturschutzarbeit ideologische Affinitäten vermutet, aber das darf inzwischen als widerlegt gelten. Entscheidend war vielmehr die individuelle Initiative Hermann Görings, der im Zuge der Verabschiedung des Gesetzes die administrative Zuständigkeit für den deutschen Naturschutz usurpierte und die gesetzlichen Bestimmungen insbesondere zur Befriedigung seiner privaten Jagdleidenschaft instrumentalisierte. Ein originäres In-

Marginalien: Boom im NS-Staat; Erweiterung um Landschaftspflege; Ursachen für den NS-Boom

teresse an Naturschutzfragen war bei Göring hingegen nur schwach vorhanden, was sich unter anderem in einem auffallenden Zögern manifestierte, in laufenden Naturschutzkonflikten Partei zu ergreifen; in Konflikten mit der Wiederaufrüstung oder dem Reichsarbeitsdienst gelangte der Naturschutz deshalb an die Grenzen seiner Möglichkeiten. Auch die Versuche der Naturschutzverwaltung, die im Zweiten Weltkrieg eroberten Gebiete der eigenen Einflusssphäre einzuverleiben, blieben weitgehend erfolglos. Das Gleiche galt für Alwin Seifert, der für seine Landschaftsanwälte lediglich die letztlich folgenlose Zuständigkeit für Reichs- und Landstraßen zu sichern vermochte. Federführend für die Landschaftsgestaltung im Osten wurde Seiferts Erzfeind Heinrich Wiepking-Jürgensmann, der in Heinrich Himmlers Reichskommissariat für die Festigung des deutschen Volkstums am berüchtigten „Generalplan Ost" mitarbeitete. Die bedenkenlose Mitarbeit an einem Plan, der die Umsiedlung von mehr als 30 Millionen Osteuropäern vorsah, stellt ohne Zweifel einen historischen Tiefpunkt in der Disziplingeschichte der Landschaftspflege dar.

Naturschutz in den eroberten Ostgebieten

5. Auf dem Weg zum ökologischen Zeitalter

Die Zeit nach dem Zweiten Weltkrieg markiert in mehrfacher Beziehung eine umwelthistorische Wasserscheide. Am augenfälligsten ist zweifellos der weltweite Aufstieg einer schlagkräftigen, gut organisierten Umweltbewegung, die vormals getrennte Probleme miteinander zu verbinden verstand. Nicht weniger bedeutsam und auf komplexe Weise mit der Entwicklung der Umweltbewegung verbunden war der Aufstieg der Konsumgesellschaft im Nachkriegseuropa, der zu einer dramatischen Veränderung des ökologischen Fußabdrucks der europäischen Gesellschaften führte. Der relative Verfall der Energiepreise begünstigte einen massiven, historisch präzedenzlosen Anstieg des Energieverbrauchs, der zwischen 1950 und 1973 nicht weniger als 4,5 Prozent pro Jahr betrug. Entscheidenden Anteil hatte daran die Verfügbarkeit großer Mengen günstigen Erdöls, das nicht nur die Schlüsselressource der Massenmotorisierung war, sondern auch die Kohle von ihrer dominierenden Stellung im Wärmemarkt verdrängte. In Westeuropa stieg der Mineralölverbrauch zwischen 1948 und 1972 auf das Fünfzehnfache. Typischer Ausdruck der Stimmung in den ersten Nachkriegsjahrzehnten waren Szenarien, in denen der Energieverbrauch zum zentralen Wohlstandsindikator avancierte, dessen Zurückbleiben im Ost-West-Vergleich zu düsteren Befürchtungen Anlass gab.

Explosion des Ressourcenverbrauchs

5. Auf dem Weg zum ökologischen Zeitalter

Als „große Verschwendung" hat der amerikanische Publizist Vance Packard den Durchbruch des Massenkonsums in der Nachkriegszeit bereits um 1960 gebrandmarkt. Tatsächlich stieg der Ressourcenverbrauch binnen weniger Jahre in völlig neuartige Dimensionen und es war charakteristisch, dass die Kunststoffverarbeitung zwischen 1950 und 1960 mit 834 Prozent das höchste Wachstum aller bundesdeutschen Industriezweige verzeichnete. Eine breite Palette neuartiger Produkte vom Fernseher bis zur Tiefkühltruhe hielt Einzug in die Haushalte, ein vormals exklusives Gerät wie das Telefon wurde zum selbstverständlichen Gebrauchsgegenstand. Zunehmend machte sich eine Wegwerfmentalität breit. Konsumprodukte wurden nicht mehr repariert, sondern gleich gegen ein neues Modell ausgetauscht; der wachsende Müllberg, der sich damit verband, rückte erst langsam ins kollektive Bewusstsein. Eine ähnliche Entwicklung wurde in der DDR durch die notorische Mangelwirtschaft verzögert, aber die Entwicklung nach dem Sturz des SED-Regimes dokumentierte nur zu deutlich, dass die konsumistischen Leitvorstellungen im Osten Deutschlands nicht grundsätzlich anders waren.

Durchbruch des Massenkonsums

Besonders folgenreich war der Aufstieg des Automobils zum wichtigsten Verkehrsmittel zunächst in der Bundesrepublik und später auch in der DDR. Die ökologischen Implikationen des motorisierten Individualverkehrs waren enorm und reichten vom Rohstoff- und Energieverbrauch und schädlichen Blei-, Schwefel- und Stickoxidemissionen bis hin zum populären Traum vom „Häuschen im Grünen". Erst das Automobil ermöglichte eine großräumige Zersiedelung in städtischen Agglomerationen, in deren Folge die bebaute Fläche von 6,7 Prozent der bundesdeutschen Gesamtfläche 1950 auf 11,4 Prozent 1989 anstieg. Dabei war die Massenmotorisierung keineswegs von Anfang an politisch favorisiert worden. In den 1950er Jahren galt in der Bundespolitik zunächst noch ein Primat der Schiene. Erst unter dem Druck des unvermindert anwachsenden Straßenverkehrs setzte sich eine autofreundliche Politik durch, wobei die 1960 eingeführte Zweckbindung der Einnahmen aus der Mineralölsteuer für den Straßenbau die wohl folgenreichste Einzelentscheidung war.

Folgen der Massenmotorisierung

Wichtig war, dass die neuen Konsumgewohnheiten rasch zum Bestandteil und Ausdruck eines individuellen Lebensstils wurden. Nur so ist es etwa erklärbar, dass „Mobilität" plötzlich als gesellschaftlicher Schlüsselbegriff, ja sogar als demokratisches Grundrecht gehandelt wurde. Die ökologische Kritik, die sich in zunehmendem Umfang gegen den Massenkonsum in all seinen Facetten richtete, wurde deshalb rasch als Frage des persönlichen Lebensstils wahrgenommen und ent-

Konsum und Lebensstile

sprechend diskutiert; Konsumverweigerung und Einkaufen in alternativen Läden wurden zum Signum ökologischen Protests. Die klare Trennung zwischen konventionellen und alternativen Konsummustern wurde jedoch mit dem Vordringen ökologischer Normen und Werte in weite Teile der bundesdeutschen Gesellschaft zunehmend schwierig und ist heute fast gar nicht mehr möglich. Die Frage, inwiefern eine Ökologisierung des persönlichen Konsums stattgefunden hat, ist nach wie vor in hohem Maße umstritten und kann an dieser Stelle nicht näher verfolgt werden. Allerdings deutet einiges darauf hin, dass die subjektive Ökologisierung deutlich größer ist als der materielle Wandel der persönlichen Ökobilanz. Die Entwicklung des Flugverkehrs und des Ferntourismus spricht in dieser Beziehung eine deutliche Sprache.

Ökologisierung des Konsums?

Nicht weniger dramatisch als der Wandel der Konsumgewohnheiten war die Entwicklung auf dem Lande, wo die agrarische Produktion innerhalb einer Generation eine nahezu umfassende Umwälzung erfuhr. Erst jetzt ersetzten Traktoren auf breiter Front die animalische Traktion, der Verbrauch von chemischen Hilfsmitteln wie Pestiziden und Kunstdünger stieg dramatisch, die Zahl der Tiere pro Stall wuchs, ausgehend von der Hühnerhaltung, in völlig neuartige Dimensionen; die Gebundenheit agrarischer Produktion an natürliche Bedingungen geriet weitgehend aus dem Blick – mit der Folge gravierender Grundwasserprobleme und Bodenschäden sowie einer bemerkenswerten Unempfindlichkeit gegen die Kommodifizierung und „Industrialisierung" der Nutztiere. Leitbild wurde der spezialisierte Großbetrieb, in neuartiger Weise eingebunden in ein Netzwerk von Landmaschinenlieferanten, Saatgut- und chemischer Industrie sowie Lebensmittelproduzenten und damit hochgradig immunisiert gegen externe Kritik. Kein Teil der bundesdeutschen Gesellschaft hat sich den Postulaten der Ökologisierung so vehement und hartnäckig widersetzt wie der agrarindustrielle Komplex. Im Zuge der agrarischen Revolution und oft begünstigt durch Flurbereinigungen änderte sich das Landschaftsbild des ländlichen Raumes, wobei allerdings große Unterschiede zwischen Intensivgebieten wie etwa Südoldenburg und agrarischen Extensivregionen zu erkennen sind. Einiges spricht dafür, dass der Kontrast zwischen Ballungsgebieten und Peripherräumen, der umfassenden Urbanisierung der bundesdeutschen Gesellschaft zum Trotz, insgesamt eher zunahm.

Revolutionierung der Landwirtschaft

Wandel des Landschaftsbildes

Parallel zu diesen Entwicklungen vollzog sich der Aufstieg der modernen Umweltbewegung und der modernen Umweltpolitik. Die genauen Ursachen und der Verlauf dieser „ökologischen Revolution" sind in der Forschung zunehmend umstritten. Offenkundig kam hier ein Bündel politischer, gesellschaftlicher und kultureller Faktoren zu-

Komplexe Ursachen der ökologischen Wende

5. Auf dem Weg zum ökologischen Zeitalter 31

sammen und vermengte sich mit umweltpolitischen und zivilgesellschaftlichen Traditionen. Wie schwierig es ist, in diesem Bündel zwischen Ursachen und Folgen zu differenzieren, lässt sich beispielhaft anhand des Aufsehen erregenden Buchs „Der stumme Frühling" der amerikanischen Meeresbiologin Rachel Carson demonstrieren, das, 1962 erschienen, mit seiner Kritik der Pestizide Bedenken popularisierte, die in Fachkreisen schon seit mehr als einem Jahrzehnt diskutiert worden waren. So sehr die ökologische Mobilisierung weiter Bevölkerungsteile ein neuartiges Phänomen darstellte, so unzulänglich wäre es zugleich, den Bürgerprotest im Sinne eines schlichten Ursache-Wirkung-Schemas zum Motor des Aufschwungs der Umweltpolitik zu erklären. Die Gemengelage der Initiativen von Verbänden, Politikern, Forschern und Journalisten sowie akzidentiellen Ereignissen ist dafür einfach zu komplex.

Anzeichen für ein sich änderndes politisches Klima gab es bereits in den 1950er Jahren. Der Plan eines Energiekonzerns, einen Staudamm in der Wutachschlucht im Südschwarzwald zu bauen, rief breiten Widerspruch hervor. Eine speziell gegründete Arbeitsgemeinschaft Heimatschutz Schwarzwald sammelte 185 000 Unterschriften gegen das Projekt und konnte es nach fast einem Jahrzehnt auch verhindern. In Norddeutschland war es die Auseinandersetzung um den Knechtsand, eine Sandbank in der Wesermündung, die Brandgänsen während der Mauser als Rastplatz diente und von der „Royal Air Force" als Bombenzielgebiet genutzt wurde, die dank sorgfältiger, zum Teil von der Friedensbewegung kopierter Kampagnenarbeit weithin Beachtung fand und auch britische Vogelschützer auf den Plan rief. In Bayern wurde die Regulierung der Alpenflüsse in den 1950er Jahren zum Konfliktherd. Die vermutlich nicht wenigen Konflikte, die nur im lokalen Rahmen Resonanz erzielten, sind bislang nur ansatzweise erforscht. Viel Beachtung fanden auch die bisweilen mannshohen, durch synthetische Waschmittel verursachten Schaumkronen, die im trockenen Sommer 1959 auf vielen Flüssen zu sehen waren und den bedenklichen Zustand der Binnengewässer zu einem Zeitpunkt verdeutlichten, als nur etwa 40 Prozent aller häuslichen und industriellen Abwässer einigermaßen ausreichend geklärt wurden. In die Bekämpfung der Luftverunreinigung kam ebenfalls eine neue Dynamik, etwa durch die Einrichtung einer Kommission „Reinhaltung der Luft" beim Verein Deutscher Ingenieure 1955 und die Novellierung des bundesdeutschen Immissionsrechts 1959. Im selben Jahr bezeichnete übrigens das *Westdeutsche Tageblatt* die Luftverschmutzung als „Ruhr-Problem Nr. 1", zwei Jahre vor Willy Brandts vielzitiertem Postulat des „blauen Him-

Frühe Umweltinitiativen

mel über der Ruhr", das immer noch fälschlich als Fanal der modernen Umweltpolitik gilt.

Traditionelle Protestformen — Der Bruch mit der Zwischenkriegszeit war freilich ebenso deutlich wie die Distanz zum späteren ökologischen Protest. Noch waren nicht öffentlichkeitswirksame Massendemonstrationen das Mittel der Wahl, sondern Protestschreiben und Verhandlungen mit Behörden. Der Tonfall blieb überwiegend gemäßigt und unaufgeregt, im Zentrum standen stets konkrete Einzelprojekte und nicht allgemeine Problemlagen, und der Protest erlahmte nach dem Ende des Konflikts rasch wieder, statt durch Vereinsgründungen perpetuiert zu werden. Eine überregionale Vernetzung der Initiativen fehlte nahezu völlig, wobei nicht unwichtig war, dass die etablierten Natur- und Heimatschutzverbände wie auch die staatlichen Naturschutzbeauftragten häufig eine auffallende Distanz hielten. Anstelle der späteren Expertenkritik herrschte noch ein breites Vertrauen in staatliche Planung und wissenschaftliche Expertise, eine Haltung, die ihren vielleicht nachdrücklichsten Ausdruck in der „Grünen Charta von der Mainau" von 1961 fand, die zur Gründung des Deutschen Rates für Landespflege unter der Schirmherrschaft des Bundespräsidenten führte.

Grüne Charta von der Mainau

Parteipolitische Verortung — Eine klare parteipolitische Färbung besaß der Umweltprotest noch nicht und zunächst fielen – wenn überhaupt – eher Vertreter aus dem konservativen politischen Spektrum ins Auge wie etwa Günther Schwab, der 1958 mit seinem Buch *Der Tanz mit dem Teufel* ein vielgelesenes frühes Öko-Manifest vorlegte, das als eine der ersten Publikationen das breite Spektrum der späteren Umweltthemen bündelte. Die seit den 1980er Jahren linke Positionierung des Umweltschutzes in der bundesdeutschen Politik darf nicht verdecken, dass die bundesdeutsche Umweltbewegung stärker als in anderen Ländern aus einer Verbindung rechter und linker Strömungen entstand. Eines der populärsten Umweltbücher der 1970er Jahre verfasste der CDU-Bundestagsabgeordnete Herbert Gruhl.

Internationale Impulse — Die Zeit um 1970 markierte international einen Aufschwung der Umweltpolitik. Das lag nicht nur daran, dass 1970 vom Europarat zum „Europäischen Naturschutzjahr" erklärt wurde und 1972 in Stockholm eine Umweltkonferenz der Vereinten Nationen stattfand, die bis zum berühmten Umweltgipfel von Rio de Janeiro 1992 als wichtigste internationale Tagung ihrer Art galt. Wegweisend war auch das Vorbild der Vereinigten Staaten, wo der Umweltprotest einen historischen Höhepunkt erreichte – am legendären „Earth Day" (22. April 1970) beteiligten sich rund 20 Millionen Menschen! – und eine Reihe ambitionierter Gesetze verabschiedet wurde, die das amerikanische Regulierungssystem im Bereich des Natur- und Umweltschutzes revolutionierten. Im Vergleich dazu besaß die Entwicklung in der Bundesrepublik einen zunächst eher gemäßigten Charakter. Auch unter dem Eindruck der amerikanischen Ereignisse richtete Bundesinnenminister Hans-Dietrich Genscher eine Abteilung „Umweltschutz" in seinem Ministerium ein und legte 1971 das erste Umweltprogramm einer Bundesregierung vor. In den folgenden Jahren wurden nahezu alle einschlägigen Gesetze novelliert, beginnend noch 1971 mit dem Benzinbleigesetz. Auch wenn der Innovationsgehalt der Gesetze zum Teil recht gering war, stellte das Programm vor allem aufgrund seiner Symbolwirkung einen wichtigen umweltpolitischen Schub dar. Allerdings war das Umweltprogramm bei genauerer Betrachtung keineswegs so umfassend, wie es den eigenen Ambitionen entsprochen hätte: Mit der Atomkraft, den Schwefelemissionen der Kraftwerke und den Autoabgasen wurden wichtige Themen ausgeblendet, die später zum Gegenstand heftiger Konflikte werden sollten. [Umweltpolitik Hans-Dietrich Genschers]

Die Genscher'sche Umweltpolitik ist zu Recht als „Umweltpolitik von oben" tituliert worden. Die entscheidenden Impulse kamen zunächst aus dem Bundesministerium des Innern, ohne dass dieses unter dem Druck einer organisierten Öffentlichkeit gestanden hätte. Punktuell leistete das Bundesinnenministerium sogar Geburtshilfe bei der Konstituierung von Umweltverbänden, so etwa bei der Gründungsversammlung des „Bundesverbands Bürgerinitiativen Umweltschutz" 1972. Andererseits trug die sozialliberale „Umweltpolitik" auch deutliche Züge eines Strohfeuers, das etliche Themenfelder und Akteure nur peripher berührte. Spätestens mit den ökonomischen Verwerfungen im Gefolge des ersten Ölpreisschocks 1973/74 erlahmte der Reformeifer deutlich, symbolisiert durch ein in Umweltkreisen berüchtigtes Treffen von Bundeskanzler Helmut Schmidt mit Wirtschaftsvertretern auf Schloss Gymnich im Juli 1975. Von einer umfassenden Ökologisierung der Gesellschaft oder auch nur der Umweltszene konnte vorerst keine Rede sein. Im verbandlichen Naturschutz überwogen noch – allerdings mit wichtigen Ausnahmen – die traditionellen Kräfte bis hin zu den elitären kulturkritischen Denkmustern der Gründungszeit um 1900. Der besonders gut dokumentierte Wandel im „Bund für Vogelschutz" (heute NABU), der aus dem betulichen „Verein der Vogelfreunde" einen der wichtigsten bundesdeutschen Umweltverbände machte, vollzog sich vor allem in den 1980er Jahren und war zu erheblichen Teilen ein Generationenkonflikt. [Umweltpolitik von oben]

In der zweiten Hälfte der 1970er Jahre wurde die Atomkraft zu einem beherrschenden Thema. Der Protest gegen ein Atomkraftwerk [Atomkonflikt] im südbadischen Wyhl wurde zur Initialzündung einer breiten Protestbewegung, die schließlich in bürgerkriegsähnlichen Auseinandersetzungen in Brokdorf und Grohnde kulminierte. 1979 erklärte der niedersächsische Ministerpräsident Ernst Albrecht am Ende einer kontroversen öffentlichen Anhörung eine in Gorleben geplante Wiederaufarbeitungsanlage für politisch nicht durchsetzbar. Nach dem Scheitern eines zweiten Wiederaufarbeitungsprojekts im oberpfälzischen Wackersdorf in den 1980er Jahren und der Stilllegung des Schnellen Brüters im niederrheinischen Kalkar 1991 war das utopische Modell eines unendlichen Brennstoffkreislaufs, das die Atomkraftentwicklung in den ersten Nachkriegsjahrzehnten angetrieben hatte, endgültig obsolet. Allerdings hatten hellsichtige Energiemanager zu diesem Zeitpunkt bereits bemerkt, dass für die ursprünglich geplanten Kraftwerkskapazitäten, deren Realisierung von der Umweltbewegung verhindert worden war, kein Bedarf existiert hätte. Wichtig war in politischer Beziehung, dass die Neue Linke vor allem über die Kritik am „Atomstaat" zum Umweltschutz kam und damit die Gründung der neuen ökologischen Partei „Die Grünen" überhaupt erst möglich wurde. Die Entscheidung der SPD für den Atomausstieg, 1986 unter dem Eindruck des Reaktorunfalls von Tschernobyl getroffen, kam zu spät, um die Etablierung der ökologisch-alternativen Partei im bundesdeutschen Parteiensystem noch zu verhindern.

Ökologische Themen der 1980er Jahre

Der Atomkonflikt trug zeitweise deutliche Züge eines Glaubenskampfes, der die Gesellschaft spaltete. Den gegenteiligen Effekt hatte die Diskussion über ein allgemeines „Waldsterben", die Anfang der 1980er Jahre innerhalb weniger Monate zu einer breiten gesellschaftlichen Debatte anschwoll: Hier reichte die Betroffenheit von der ökologischen Linken bis in die regierende CDU/CSU, die hastig ein Maßnahmenbündel verabschiedete, dessen Kernstücke die Entschwefelung der Kohlekraftwerke und die Einführung des Automobilkatalysators waren. Im Zentrum der ökologischen Kritik stand ferner die Chemieindustrie, symbolisiert vor allem durch den Dioxin-Unfall von Seveso 1976 und ein katastrophales, durch einen Großbrand bei Sandoz in Basel verursachtes Fischsterben im Rhein 1986. Die neue politische Virulenz ökologischer Themen drückte sich aber auch in zahllosen lokalen Protestaktionen aus, die nur selten, wie etwa die Startbahn West des Frankfurter Flughafens oder das Kohlekraftwerk Buschhaus bei Helmstedt, überregional Schlagzeilen machten. Ab Mitte der 1980er Jahre gewannen schließlich das Ozonloch über der Antarktis sowie die Erwärmung der Erdatmosphäre durch den Treibhauseffekt verstärkte Beachtung, zugleich wuchs die Kritik an der industrialisierten Landwirtschaft. Damit war bis zum Ende der 1980er Jahre die Palette der ökologischen Themen definiert, mit denen sich die Umweltbewegung bis heute primär identifiziert.

Die 1980er Jahre wirken unter Aktivisten bis heute als generationelle Erfahrung einer umweltpolitischen Boomzeit nach. Augenfälligster Ausdruck war neben dem Mitgliederzuwachs der Umweltverbände vor allem der Aufstieg der Partei „Die Grünen", die zur erfolgreichsten ökologischen Partei Europas wurde und eine politische Prägekraft entfaltete, die weit größer war als der Prozentanteil der Wählerstimmen. Die wahre Bedeutung des Jahrzehnts erschließt sich jedoch erst, wenn der Blick über politische Ereignisse hinausreicht: Umweltbewusstsein wurde in den 1980er Jahren Teil eines Lebensgefühls, das weit über den Kreis der Aktiven hinausreichte und letztlich niemanden unberührt ließ. Es sind nicht zuletzt die eher unauffälligen Veränderungen der Lebensweisen, die die Ökologisierung der bundesdeutschen Gesellschaft spiegeln wie etwa die plötzliche Popularität von Müsli und Vollkornbrot, ursprünglich Lieblingsthemen der Ernährungsreformer der Jahrhundertwende. Nicht zu verkennen ist allerdings zugleich, dass es sich hierbei überwiegend um eine deutsche Sonderentwicklung handelte. In Frankreich überwog das Befremden über die sentimentalen Anwandlungen des östlichen Nachbarn im Zeichen von „le Waldsterben", in den USA befand sich die Umweltbewegung in den frühen 1980er Jahren in einem offenen Konflikt mit der antiökologischen Politik Ronald Reagans, der zeitweise zum Überlebenskampf zu werden schien.

Entstehung der „Grünen"

Ökologisierung der Gesellschaft

Es war vor allem die perzipierte Einheit von Lebensgefühl und politischem Bewusstsein, die die ökologische Debatte beflügelte und kämpferische Buchtitel wie *Aufstand für die Natur* (Klaus Michael Meyer-Abich) hervorbrachte, aber auch finstere Dystopien, die mit Autoren wie Gudrun Pausewang sogar Eingang in die Kinderbuchliteratur fanden. Vermutlich trug diese Virulenz ökologischer Stimmungen in breiten Teilen der Gesellschaft dazu bei, dass sich von der deutschen Umweltbewegung kein radikaler Flügel abspaltete, wie dies in den USA mit der Earth First!-Bewegung und in England mit radikalen Tierschützern geschah. Gewaltaktionen, wie sie in Deutschland vor allem im Atomkonflikt und im Kampf gegen die Gentechnik vorkamen, wurden nur episodisch zum Gegenstand politischer Kontroversen, zumal sie unverkennbar ein breites gesellschaftliches Unbehagen widerspiegelten. Die Popularität des gewaltlosen Widerstands von Greenpeace zeigt deutlich die dominierende Einstellung.

Hochzeit der ökologischen Debatte

Die 1980er Jahre waren auch die Boomzeit ökologischen Protests in der DDR. Zwar gab es mit den seit 1966 stattfindenden Landschafts-

Umweltbewegung in der DDR

tagen und der 1980 gegründeten „Gesellschaft für Natur und Umwelt im Kulturbund der DDR" auch Orte innerhalb der Strukturen des SED-Staats, die eine gelegentlich sogar sehr freimütige Diskussion über ökologische Themen erlaubten. Das Ausbleiben nachhaltiger Erfolge sowie die insgesamt restriktive Haltung der SED-Führung, die 1982 die Geheimhaltung aller wesentlichen Informationen über den Zustand der Umwelt verfügte, begünstigte jedoch das Entstehen einer alternativen Bewegung, wobei ökologische und Friedensarbeit eine enge Verbindung eingingen; viele Mitglieder der Gruppen waren zugleich Kriegsdienstverweigerer. Der Verfolgungsdruck der Stasi bewirkte eine stark fragmentierte ökologische Szene mit schwachen formalen Strukturen, die sich eng an die Institutionen der Evangelischen Kirche als einzige einigermaßen geschützte Sphäre innerhalb der DDR-Gesellschaft anlehnte. Ökologischer Protest besaß dabei nicht selten Ventilfunktion: Hier gab es häufig Gesetze, auf die man sich in einer Politik der kleinen Nadelstiche berufen konnte, zudem war Protest hier weniger riskant als bei der notorischen Mangelwirtschaft oder den Privilegien der Funktionäre. Aktionsformen reichten von offiziellen Eingaben über Fahrraddemonstrationen bis hin zu dosierten Formen zivilen Ungehorsams.

Umweltschutz im SED-Staat

Es griffe zweifellos zu kurz, den desaströsen ökologischen Zustand der DDR im Jahre 1989/90 zurückzuprojizieren und zum zwangsläufigen Resultat einer Politik zu erklären, die einem parteiamtlichen Dogma zufolge die Ausbeutung der Umwelt im Sozialismus für unmöglich erklärte. Eine Reihe von Maßnahmen, etwa das schon 1954 verabschiedete Naturschutzgesetz der DDR oder das Landeskulturgesetz von 1970, belegen den durchaus vorhandenen Willen zu einer umweltfreundlicheren Politik. In die gleiche Richtung wirkte die stets präsente Konkurrenz zur Bundesrepublik. Allerdings sah sich die Umweltpolitik der DDR mit einigen besonders schwierigen Herausforderungen konfrontiert.

Besondere Belastungen

Die Prominenz von Schwerindustrie und Großchemie in der industriellen Struktur der DDR, die pervasive Nutzung der Braunkohle als Energieträger sowie durch den Kalten Krieg bedingte Sonderlasten wie der Uranbergbau resultierten in Verschmutzungslasten, die auch ein finanzkräftigeres Regime auf eine Bewährungsprobe gestellt hätten. Erst nach der Wende gab es in der DDR-Umweltpolitik einen ebenso unerwarteten wie spektakulären Erfolg, als die Volkskammer in ihrer letzten Sitzung vor der Wiedervereinigung insgesamt 1 153 500 Hektar und damit 9,6 Prozent der Landesfläche unter Naturschutz stellte. Die Schwäche der Grünen in Ostdeutschland, die trotz Fusion mit der DDR-Bürgerrechtsbewegung

5. Auf dem Weg zum ökologischen Zeitalter

nach der Wiedervereinigung eine stark westdeutsch geprägte Partei blieben, lässt die weiterhin bestehenden Unterschiede erahnen.

Seit den 1980er Jahren nehmen internationale Aktivitäten in der Umweltpolitik einen wachsenden Raum ein. Zunehmend bemühen sich Umweltverbände um eine internationale Vernetzung und Zusammenarbeit, begünstigt durch eine vermehrte Beachtung ökologischer Kriterien in internationalen Organisationen wie der Weltbank, aber auch durch eine wachsende Sensibilität international operierender Konzerne, die sich und ihre Vertragspartner zunehmend auf die Einhaltung bestimmter Umwelt- und Sozialstandards verpflichten. Das hier entstehende Netzwerk transnationaler Kontrolle durch eine globale Zivilgesellschaft könnte um so wichtiger werden, als die Erträge der internationalen Umweltdiplomatie hinter früheren Hoffnungen deutlich zurückgeblieben sind. Noch immer ist das Montrealer Protokoll von 1987, das ein Verbot der Fluorchlorkohlenwasserstoffe zur Bekämpfung des Ozonlochs vorsah, der größte Erfolg der internationalen Umweltpolitik. Die Entwicklung des Kyoto-Protokolls, das auf die Klimarahmenkonvention der Vereinten Nationen von 1992 zurückgeht, 1997 ausgehandelt wurde, 2005 in Kraft trat und 2012 auslaufen wird, könnte ein Vorgeschmack sein auf das zukünftige Tempo der globalen Umweltpolitik.

Internationalisierung der Umweltpolitik

Montreal und Kyoto

Eher unauffällig entwickelte sich die Europäische Union zu einem umweltpolitischen Akteur. War das erste Umweltaktionsprogramm der EG 1973 noch kaum beachtet worden, so wuchs die Bedeutung europäischer Initiativen seit den 1980er Jahren mit allerdings erheblichen sektoralen Unterschieden. Unter den Richtlinien, die wichtige Impulse für die Einzelstaaten gaben, seien die Nitratrichtlinie von 1991, die Fauna-, Flora-, Habitat-Richtlinie von 1992, die Feinstaubrichtlinie von 1999 und die Wasserrahmenrichtlinie von 2000 erwähnt. Der Wert einer Europäisierung des Umweltrechts war und ist hochgradig umstritten. Die FFH-Richtlinie, die auf ein europäisches Schutzgebietssystem von etwa 15 Prozent der EU-Landfläche abzielte, setzte sich über wachsende Zweifel an der Effektivität des Reservatsnaturschutzes hinweg und wurde zum Auslöser zahlreicher Konflikte mit Grundstücksbesitzern. Im Übrigen stehen die Errungenschaften neben ökologisch zweifelhaften EU-Politiken im Agrarbereich, der Steuerfreiheit des Flugbenzins und dem Scheitern einer europaweiten Energie- bzw. Kohlendioxidsteuer.

EU-Umweltpolitik

Aus Sicht der 1980er Jahre erschien eine rot-grüne Koalition auf Bundesebene als einmalige Gelegenheit, eine umfassende ökologische Modernisierung der bundesdeutschen Gesellschaft in die Wege zu

Rot-Grüne Bundesregierung

leiten. Gemessen daran nimmt sich die Ökobilanz der rot-grünen Bundesregierung eher mager aus. Mit dem Ausstieg aus der Atomenergie, der Schaffung einer Ökosteuer auf Ressourcenverbrauch und der Förderung regenerativer Energien erfüllte sie zwar wichtige Forderungen der Umweltbewegung, häufig verzettelten sich ökologische Initiativen jedoch in einer Weise, für die das Dosenpfand zum Symbol geworden ist. Ein Erfolg wie die Novellierung des Bundesnaturschutzgesetzes 2002 wurde mehr als aufgewogen durch die Deregulierungs- und Beschleunigungserlasse, die die neuere Rechtsentwicklung nicht nur im Naturschutzrecht prägen. Unter dem Eindruck der BSE-Krise verschrieb sich die Bundesregierung Anfang 2001 einer ökologischen „Agrarwende", deren Schicksal ungewiss bleibt. Insgesamt überwiegt in der Umweltbewegung seit einigen Jahren der Eindruck einer umweltpolitischen Stagnation.

Zukunft des ökologischen Zeitalters

Inwiefern dies einen erneuten Richtungswechsel der bundesdeutschen Umweltgeschichte anzeigt, bleibt Gegenstand der tagespolitischen Debatte. Nicht wenige sehen die Stagnation als Indiz, dass ökologische Belange im Lichte von ökonomischer Globalisierung und Krise des Interventionsstaats zunehmend als Luxus und Modernisierungsbremse gelten. Andererseits spricht einiges für die These, dass die ökologischen Herausforderungen der Gegenwart so eng mit dem modernen Lebensstil verknüpft sind, dass sie sich den Möglichkeiten staatlicher Regulierung weitgehend entziehen. In jedem Fall scheint die Zeit der großen Würfe und schnellen Veränderungen in der Umweltpolitik vorerst vorüber zu sein. Zugleich bleibt das Ideal einer Menschheit, die im Einklang mit der Natur lebt, auch im 21. Jahrhundert eine der populärsten politischen Utopien.

II. Grundprobleme und Tendenzen der Forschung

1. Synthesen und Handbücher

Die historiographische Beschäftigung mit der natürlichen Umwelt begann, von wenigen Vorläufern abgesehen, in der Bundesrepublik in den 1980er Jahren und gewann im folgenden Jahrzehnt an Dynamik. Sie folgte insofern mit einem gewissen „time-lag" der bundesdeutschen Umweltbewegung nach und dieser Zusammenhang war alles andere als zufällig. Die Verbindungen zwischen Umweltgeschichte und Umweltbewegung waren zunächst auf der personellen und insbesondere der intellektuellen Ebene ausgesprochen eng und man kann mit guten Gründen bezweifeln, ob sich auch ohne eine lebendige Bürgerbewegung ein umwelthistorischer Forschungszweig innerhalb der Geschichtswissenschaft entwickelt hätte. Erst in den vergangenen Jahren ist das Verhältnis deutlich distanzierter geworden; das persönliche Engagement verschwand zwar nicht, trat jedoch als Leitmotiv der Forschung deutlich zurück. Ursprünge in der Umweltbewegung

Obwohl sich die Zahl der Professuren und Einrichtungen, die sich ganz oder teilweise der umwelthistorischen Forschung widmen, in den letzten Jahren deutlich vermehrt hat, sind die Züge eines noch in Entwicklung befindlichen Forschungsfeldes unverkennbar. Vor allem der Kontrast zur amerikanischen Welt ist erhellend: Während in den USA seit 1977 eine „American Society for Environmental History" existiert, deren zunächst im Zweijahresrhythmus und inzwischen alljährlich stattfindende Tagungen ein breites Publikum anziehen, gibt es eine „European Society for Environmental History" erst seit 2001. Bis heute fehlt es an einer deutschsprachigen Fachzeitschrift; im internationalen Rahmen ist die amerikanische *Environmental History* das führende Organ, gefolgt von der britischen Zeitschrift *Environment & History*; in den Niederlanden erscheint seit 1996 alljährlich ein *Jaarboek voor Ecologische Geschiedenis*. In jüngster Zeit entstanden jedoch spezielle umwelthistorische Buchreihen im Böhlau und Campus Verlag, im Waxmann Verlag erscheinen schon seit 1996 die breiter angelegten *Cottbu-* Ansätze der Institutionalisierung

Fachzeitschriften

Buchreihen

ser Studien zur Geschichte von Technik, Arbeit und Umwelt. Seit 2004 existiert ein Graduiertenkolleg „Interdisziplinäre Umweltgeschichte" an der Universität Göttingen.

Vor dem Hintergrund dieses niedrigen Institutionalisierungsgrades ist es umso bemerkenswerter, dass sich die Forschungsbilanz der deutschen Umweltgeschichte auch im internationalen Vergleich durchaus beeindruckend ausnimmt. Während die Zukunftsperspektiven der umwelthistorischen Forschung noch Mitte der 1990er Jahre recht unsicher waren, kann nach dem Boom der vergangenen Jahre von einer auf absehbare Zeit stabilen Forschungstradition geredet werden. Deutlich wuchs in den vergangenen Jahren die Zahl der Projekte und Publikationen, auch die internationale Vernetzung der Forschung, lange Zeit ein wesentliches Desiderat, machte Fortschritte. Der zunächst recht enge Themenkanon der Umweltgeschichte erfuhr sukzessive eine erfreuliche Erweiterung, was sich mit einem zunehmenden Interesse der allgemeinen Geschichte an Umweltthemen traf. So enthält etwa W. REINHARDS kulturanthropologische Synthese der europäischen Geschichte ein Kapitel über „Raum und Natur" [70: Lebensformen Europas].

An breit angelegten Überblicksdarstellungen hat in der deutschen Umweltgeschichtsforschung nie ein Mangel geherrscht. Schon die erste umwelthistorische Monographie im engeren Sinne, von K.-G. WEY 1982 vorgelegt [89: Umweltpolitik], war eine Synthese zur deutschen Umweltpolitik seit 1900. Gut anderthalb Jahrzehnte später publizierte F.-J. BRÜGGEMEIER einen Band ähnlichen Zuschnitts [35: Tschernobyl]. Einen überaus detailreichen Überblick über die Rechtsentwicklung in Deutschland, Österreich und der Schweiz bietet B. MARQUARDT [57: Umwelt]. Eine regional fokussierte Synthese, die Umweltgeschichte mit Sozial- und Wirtschaftsgeschichte verknüpft, bietet C. PFISTER für den schweizerischen Kanton Bern im 18. und 19. Jahrhundert [65: Strom]. Letztlich irreführend ist der Titel der 1994 erschienenen Synthese H. JÄGERs, dessen „Einführung in die Umweltgeschichte" tatsächlich eine Einführung in die Historische Geographie bietet [49: Einführung]. Für die Ergebnisse dieser Forschungsrichtung, die in diesem Band nur zum Teil diskutiert werden kann, sei auf die Zeitschrift *Siedlungsforschung* verwiesen.

Über diese Gesamtdarstellungen hinaus liegt eine Reihe von Sammelbänden vor. Die Zahl solcher Veröffentlichungen hat sich in den vergangenen Jahren deutlich vermehrt, so dass an dieser Stelle nur jene Bände erwähnt seien, die einen Einblick in die allgemeine Entwicklung der umwelthistorischen Forschung geben. Den zunächst recht engen

1. Synthesen und Handbücher

Fokus der Forschung auf Verschmutzungsprobleme sowie die frühe Umweltbewegung demonstriert ein von F.-J. BRÜGGEMEIER und T. ROMMELSPACHER herausgegebener Band, der erstmals 1987 erschien [34: Besiegte Natur]. Thematisch breiter waren schon damals die von J. CALLIESS u. a. [37: Mensch und Umwelt] bzw. P. BRIMBLECOMBE und C. PFISTER [33: Silent Countdown] herausgegebenen Aufsatzsammlungen, die auf Tagungen in Loccum 1985 sowie Bad Homburg 1988 zurückgingen. Den Forschungsstand der 1990er Jahre spiegeln ein von W. ABELSHAUSER herausgegebenes Sonderheft von *Geschichte und Gesellschaft* [25: Umweltgeschichte], ein Sonderheft des damals kurzzeitig erscheinenden *Environmental History Newsletter* von 1993, das die Vorträge einer Ringvorlesung an der Universität Basel im Vorjahr versammelte [78: C. SIMON, Umweltgeschichte] sowie der Konferenzband einer Tagung des Hamburger Arbeitskreises für Umweltgeschichte 1994. [27: G. BAYERL u. a., Umweltgeschichte] Die Umweltgeschichtsforschung der DDR bilanziert ein von H. BEHRENS und anderen herausgegebener Sammelband [29: Wirtschaftsgeschichte]. Einen Überblick über neuere Beiträge bieten ein von W. SIEMANN herausgegebener Band [74: Umweltgeschichte] sowie Sonderhefte des *Archivs für Sozialgeschichte* 2003 und *Historical Social Research* 2004 [84: F. UEKÖTTER, Frontiers]. Einen Einblick in österreichische Forschungsansätze liefert ein Band von S. HAHN und R. REITH [45: Umwelt-Geschichte], ein Sammelband zur Geschichte des Natur- und Lebensraums Wien fächert das Themenspektrum der urbanen Umweltgeschichte in bislang unübertroffener Breite auf [36: K. BRUNNER/ P. SCHNEIDER, Umwelt Stadt].

In den vergangenen Jahren etablierte sich mit breit angelegten Studien der Landschaftsentwicklung ein neuer Typus der umwelthistorischen Synthese. Im internationalen Kontext war dies eine nachholende Entwicklung, äquivalente Studien liegen für Frankreich [32: F. BRAUDEL, Mittelmeer] und Großbritannien [47: W. G. HOSKINS, Making; 68: O. RACKHAM, History; 83: B. TRINDER, Making] bereits seit Jahrzehnten vor. Ziel dieser Art von Landschaftsgeschichte ist ein Überblick über die historische Entwicklung des Landschaftsbildes in einem geographisch eingegrenzten Gebiet, wobei in den Darstellungen zumeist großer Wert auf Narrativität und thematische Breite gelegt wird. Den umfassendsten Versuch legte H. KÜSTER mit seiner Geschichte der Landschaft Mitteleuropas von der Eiszeit bis zur Gegenwart vor [53: Geschichte der Landschaft]. Vom gleichen Autor stammt auch eine ähnlich breit angelegte Geschichte der Ostsee [54: Ostsee], auf die eine Geschichte der Nordsee des Geobotanikers R. POTT folgte

Synthesen zu Kulturlandschaften

[67: Nordsee]. Auch M. CIOCS „Öko-Biographie" des Rheins lässt sich als eine Landschaftsgeschichte betrachten, in der die vielfältigen Veränderungen der Landschaft entlang des Rheins im 19. und 20. Jahrhundert mit Blick auf ihre Auswirkungen auf die Ökologie des Flusses analysiert werden [38: The Rhine]. Eine Mikrostudie zum Umbruch der Kulturlandschaft um 1800 hat R. BECK für den oberbayerischen Landkreis Ebersberg vorgelegt [28: Ebersberg]. Mit der Landschaftsgeschichte des von der Braunkohle geprägten mitteldeutschen Industriegebiets beschäftigt sich G. LENZ [55: Verlusterfahrung Landschaft].

Methodische Prämissen der Landschaftsgeschichte

Methodisch kann sich eine Landschaftsgeschichte an D. BLACKBOURNS Appell orientieren, die „*realen* Geographien" wieder in die deutsche Geschichte zu integrieren [427: Sense, 15]. BLACKBOURN war es dann auch, der jüngst den analytisch schärfsten Beitrag dieser Forschungsrichtung vorlegte. Während andere Studien unter dem Eindruck der Kulturlandschaftsdebatte die Wandelbarkeit der natürlichen Umwelt herausarbeiten, betont BLACKBOURN, wie sehr die Zeitgenossen die Wasserbauprojekte, die seit der Mitte des 18. Jahrhunderts neuartige Dimensionen und Konsequenzen aufwiesen, als Eroberung interpretierten und feierten. Durch einen weiten thematischen Bogen von der Kultivierung des Oderbruchs und der von Johann Gottfried Tulla projektierten Rheinregulierung bis zur Moorkultivierung und dem Talsperrenbau bereichert BLACKBOURN überdies die Forschung mit einer ebenso ungewohnten wie anregenden Synthese des modernen Deutschlands als hydraulischer Gesellschaft [31: Conquest]. Ein weiteres Buch, das in der Landschaftsgeschichte nicht lediglich „an der (Boden-)Oberfläche" bleibt, sondern das Landschaftsbild als Weg zur umfassenden Analyse einer ganzen Region nutzt, ist W. BÄTZINGS Arbeit über die Kulturlandschaft der Alpen [26: Alpen].

Quellenbände

Es spiegelt den noch fragmentarischen Charakter der Forschungslandschaft, dass spezifisch umwelthistorische Editionsprojekte bislang Mangelware sind. Die wenigen verfügbaren Quellenbände sind eher als Nebenprodukte der Forschung anzusehen, was sich nicht zuletzt in einer eher konventionellen Quellenauswahl spiegelt, die gängige Interpretationsmuster der Umweltgeschichte eher bestätigt als hinterfragt. Den ambitioniertesten und wohl auch besten Quellenband mit Dokumenten von der Antike bis zur Gegenwart haben G. BAYERL und U. TROITZSCH vorgelegt [1: Quellentexte]. Auf das lange 19. Jahrhundert konzentriert sich ein von F.-J. BRÜGGEMEIER und M. TOYKA-SEID herausgegebener Band, der jedoch eher als Lesebuch konzipiert ist [2: Industrie-Natur]. Eine größere Zahl interessanter Quellen bietet auch ein Lehrbuch für die Sekundarstufe II, das J. RADKAU als weltweit ers-

1. Synthesen und Handbücher 43

tes Schulbuch zur Umweltgeschichte 2002 herausbrachte [17: Mensch und Natur]. Darüber hinaus ist eine Reihe von ideengeschichtlichen Textsammlungen verfügbar [insbes. 12: P. C. MAYER-TASCH, Natur; 18: E. SCHRAMM, Ökologie-Lesebuch; 23: D. WALL, Green History].

Ähnlich selten wie Quellenbände sind Bibliographien und umfassende Forschungsüberblicke zur Umweltgeschichte. Die Entwicklung des Forschungsfeldes reflektiert eine Reihe von Aufsätzen, die in einem eigenen Kapitel des Literaturverzeichnisses zusammengestellt wurden [III.B.2], als Forschungsüberblicke in Buchform sind der hier vorliegende Band gemeinsam mit einer kurz vor Drucklegung erschienenen Monographie V. WINIWARTERs [91: Umweltgeschichte] die ersten Beiträge ihrer Art im deutschsprachigen Raum. Vermutlich lag es an der späten Genese des Forschungsfeldes, dass gedruckte Bibliographien nicht mehr entstanden und von vornherein auf das Internet gesetzt wurde. Laufende Bibliographien unterhalten sowohl die „Forest History Society" [www.foresthistory.org/research/biblio.html] als auch die „European Society for Environmental History" [eseh.ruc.dk/resources/bibliography]. Die Zeitschrift *Environmental History* stellt regelmäßig eine Auswahl der Neueinträge in der erstgenannten Datenbank vor.

Einführungen in die Forschung

Bibliographien

Seit E. LE ROY LADURIE 1973 seine These einer „mikrobiellen Vereinigung der Welt" formulierte [429: Concept], ist ein Hang der Umweltgeschichte zu globalgeschichtlichen Perspektiven unverkennbar. Zunächst blieben entsprechende Monographien jedoch stark dem Typus eines „Sündenregisters" der Menschheit verhaftet, in dem sich die Geschichte der Menschheit von ihren Anfängen bis heute als ziemlich monotone Geschichte von Vernutzung und Verschmutzung der Natur präsentierte [56: H. LIEBMANN, Planet; 66: C. PONTING, Green History; 46: M. HARRIS, Kannibalen]. In jüngster Zeit hat diese negativ grundierte Art der Synthese, die häufig mehr oder weniger offen einem ökologischen Determinismus verhaftet ist, eine Neuformulierung durch J. DIAMOND erfahren [42: Kollaps]; allerdings konzentriert sich das Buch weitgehend auf außereuropäische Gesellschaften.

Welthistorische Synthesen

Ökologischer Determinismus

Ausgewogener präsentiert sich die Weltgeschichte der natürlichen Umwelt bei J. RADKAU und J. R. MCNEILL, deren Arbeiten sich hervorragend zur komplementären Lektüre eignen. MCNEILLs Synthese [58: Blue Planet] konzentriert sich vorwiegend auf den Wandel der natürlichen Umwelt, also des Bodens, des Wassers und der Luft sowie der Biosphäre; der chronologische Schwerpunkt des Bandes liegt im 20. Jahrhundert. Im Zentrum der RADKAU'schen Analyse stehen hingegen Kulturen und Wirtschaftsformen und die Frage nach ihrer Nach-

Weltgeschichten der Umwelt von J. RADKAU und J. R. MCNEILL

haltigkeit sowie den Kriterien, die für eine solche Bewertung maßgeblich sein können; der materielle Wandel der natürlichen Umwelt kommt dabei nur mittelbar in den Blick [69: Natur und Macht]. MCNEILL ist überdies gemeinsam mit S. KRECH und C. MERCHANT Herausgeber einer dreibändigen Enzyklopädie, die mit 520 Artikeln von fast 350 Autoren einen Überblick über die Weltgeschichte der Umwelt zu vermitteln sucht [52: Encyclopedia]. Dem Bemühen um eine weltumspannende Sicht und der Internationalität der Autorenschaft zum Trotz ist ein gewisser amerikanischer Akzent in dieser Enzyklopädie allerdings unverkennbar.

Enzyklopädie der Weltumweltgeschichte

Die welthistorischen Synthesen waren fachintern durchaus als Aufforderung zur Grenzüberschreitung zu verstehen. Es fällt nicht schwer, die Kritik an einer „Nationalisierung der Natur" zu formulieren [437: R. WHITE, Nationalization], zumal in Mitteleuropa mit seinen bekanntermaßen fließenden Übergängen zwischen einzelnen Naturräumen. Tatsächlich ist in der Forschungspraxis jedoch eine erstaunliche Persistenz nationalstaatlicher Grenzziehungen zu konstatieren, die unverkennbar in Spannung zum transnationalen Charakter des Gegenstands steht. Auch wenn die europäische und internationale Vernetzung der Forschung in den vergangenen Jahren deutlich an Dynamik gewonnen hat, bleiben vergleichende und transnationale Projekte nach wie vor rar. Eine kürzlich erschienene Umweltgeschichte „Nordeuropas" (das nach Definition der Autoren bis zu den Alpen reicht, aber an der Oder aufhört) präsentiert sich für die Neuzeit als lose, oft willkürlich wirkende Addition nationaler Geschichten, die von den Möglichkeiten vergleichender und transnationaler Ansätze nur zögernd Gebrauch macht [90: T. L. WHITED u. a., Northern Europe].

„Nationalisierung der Natur"?

Mangel vergleichender und transnationaler Studien

Dieser Zustand ist umso unbefriedigender, als inzwischen zu mehreren europäischen Ländern qualitativ hochwertige Überblicksdarstellungen vorliegen. Zur Umweltgeschichte Großbritanniens sind mehrere Synthesen verfügbar [39: B. W. CLAPP, Environmental History; 44: D. EVANS, History; 72: J. SHEAIL, Environmental History], darunter auch eine aus geographischer Sicht [77: I. G. SIMMONS, Environmental History of Great Britain]. Vergleichbare Überblicksdarstellungen zur französischen Umweltgeschichte existieren bislang nicht; die vielzitierten frühen Ansätze der Annales-Schule führten merkwürdigerweise nicht zu einer eigenständigen Forschungstradition [98: G. MASSARD-GUILBAUD, Part]. Eine von M. BESS verfasste Synthese hat ihren Schwerpunkt in der Nachkriegszeit [30: Light-Green Society]. Zur Umweltgeschichte Russlands und der Sowjetunion sind die Arbeiten D. R. WEINERS grundlegend [88: Little Corner; 87: Models]. Schon etwas

Synthesen zu anderen Ländern

betagt, aber immer noch lesenswert ist F. WALTERS Umweltgeschichte der Schweiz seit 1800 [85: Natur]. Sogar zur Umweltgeschichte Israels ist inzwischen ein dickleibiger Überblick verfügbar [80: A. TAL, Pollution]. Zur Umweltgeschichte der außereuropäischen Welt und speziell der ökologischen Folgen der kolonialen Expansion hat J. RICHARDS die neueste Synthese vorgelegt [71: Unending Frontier].

Kaum ein Land hat eine so lange und umfangreiche Tradition der umwelthistorischen Forschung wie die Vereinigten Staaten und so verwundert es nicht, dass das Angebot umwelthistorischer Synthesen hier besonders reichhaltig ist. Als enzyklopädischer Einstieg eignet sich ein von C. MERCHANT verfasster Band [60: Columbia Guide], der sich gut mit dem von C. MILLER herausgegebenen Kompendium der nordamerikanischen Umweltgeschichte ergänzt [61: Atlas]. Weiter eröffnen zwei „Textbooks" für Lehrveranstaltungen an amerikanischen Colleges durch eine Sammlung von Quellentexten und Sekundärliteratur Einblicke in Thesen und Themen der US-amerikanischen Umweltgeschichtsforschung [59: C. MERCHANT, Major Problems; 86: L. S. WARREN, American Environmental History]. Darüber hinaus liegen von J. OPIE [64: Nature's Nation] und T. STEINBERG [79: Down] zwei narrative Darstellungen mit unterschiedlichen Themenschwerpunkten vor.

Einführungen in die amerikanische Umweltgeschichte

2. Natur als Idee und Utopie

In ihrem Selbstverständnis war und ist die moderne Umweltbewegung ein idealistisches Projekt. Von daher verwundert es wenig, dass die Ideengeschichte schon in der Frühzeit der Forschung einen hohen Stellenwert besaß. Dabei ging es zum einen um die Identifizierung ideengeschichtlicher Traditionen, an die die moderne Umweltbewegung anschließen konnte, zum anderen aber auch um das Herausarbeiten ideologischer Weichenstellungen, die sich für das Verhältnis von Mensch und Natur verhängnisvoll auswirkten. In jüngster Zeit hat das Interesse an ideengeschichtlichen Fragestellungen jedoch deutlich nachgelassen, wobei die Parallelität zur Entwicklung der Umweltbewegung, in der große Utopien ebenfalls aus der Mode gekommen sind, wohl nicht ganz zufällig ist. Fortsetzungen findet diese Forschungstradition derzeit zum einen in der Kulturgeschichte, zum anderen in Form einer modernen „intellectual history" in der Geschichte der Umweltbewegungen [dazu auch II.6].

Zentrale Bedeutung für die frühe Umweltgeschichte

Es ist im Rückblick kaum zu bestreiten, dass die gegenwartspolitische Ausgangssituation zunächst Fragestellungen beförderte, die nicht

Vergebliche Suche nach einem „point of no return"

nur arg simplizistisch, sondern auch im Kern unhistorisch waren. Dazu zählten recht naive Vorstellungen vom Anknüpfen an vorgefundene Traditionen, vor allem aber die populäre Suche nach einem ideengeschichtlichen „point of no return", der den Umschlag von einem ökologisch akzeptablen Verhaltensmodus zur Naturzerstörung markiert habe und von dem man eine gerade Linie zur Misere der Gegenwart zu ziehen suchte. Die erste These dieser Art formulierte L. WHITE, der im christlichen „dominum terrae"-Gebot den Urgrund der modernen ökologischen Krise sah [149: Historical Roots]. Ähnlich strukturiert war auch C. MERCHANTs Argumentation, die in der wissenschaftlichen Revolution der Frühen Neuzeit den Umschlag von einem organischen, weiblichen Naturbild zu einer maskulinen, auf unbegrenzte Ausbeutung ausgerichteten, letztlich „toten" Natur erkannte [128: Tod]. Ebenfalls einem manichäischen Denkmuster verhaftet war G. BAYERLs These einer Ökonomisierung der Natur im 18. Jahrhundert [BAYERL, Prolegomenon der „Großen Industrie", in: 25: W. ABELSHAUSER, Umweltgeschichte, 29-56], wobei in diesem Fall noch zusätzlich unklar blieb, wie eigentlich eine „vor-ökonomische" Sichtweise der Natur ausgesehen habe. Eine jüngere Neuformulierung der BAYERLschen These hat deren Probleme nicht ausräumen können [131: T. MEYER/M. POPPLOW, Employ].

Frühe ideengeschichtliche Synthesen

Aus heutiger Sicht ertragreicher waren jene frühen Arbeiten, die sich ohne solche übergreifenden Interpretationsmodelle darauf konzentrierten, die Vielzahl ökologischer Denktraditionen zu identifizieren und zu klassifizieren. Zu den Klassikern gehört dabei der von C. J. GLACKEN schon 1967 vorgelegte Überblick über Naturvorstellungen von der Antike bis ins 18. Jahrhundert [120: Traces]. Im gleichen Jahr erschien R. NASHs Buch über die intellektuelle Auseinandersetzung mit der Wildnis in den Vereinigten Staaten, in der NASH ein zentrales Element des amerikanischen nationalen Selbstverständnisses erkannte. Die weit über umwelthistorische Zirkel hinaus bekannte Arbeit verbindet die ideengeschichtliche Synthese mit einer Skizze der Geschichte der amerikanischen Umweltbewegung [133: Wilderness]. Später schrieb NASH noch eine ebenfalls auf die USA fokussierte Ideengeschichte des Eigenrechts der Natur [134: Rights]. Weniger Beachtung fand der systematische, überwiegend auf die Neuzeit konzentrierte Überblick über Bewertung des technischen Fortschritts, die der Niederländer J. H. J. VAN DER POT in zwei voluminösen Bänden zusammenfasste [136: Bewertung]. In jüngster Zeit hat dieser Hang zu breiten ideengeschichtlichen Synthesen eine Fortsetzung durch K. GLOY [121: Verständnis] und P. COATES [110: Nature] erfahren.

2. Natur als Idee und Utopie

Es bedarf keiner ausführlichen Begründung, dass für eine Ideengeschichte des Mensch-Natur-Verhältnisses in der Moderne die Ökologie als Metapher wie als wissenschaftliche Disziplin eine Schlüsselrolle spielt. Mit einer ersten Gesamtdarstellung ökologischer Ideen ist D. WORSTER noch in den 1970er Jahren an die Öffentlichkeit getreten [150: Nature's Economy]. Im deutschen Kontext bietet L. TREPLS „Geschichte der Ökologie" die immer noch beste Einführung in das Thema [148]. Darüber hinaus sind inzwischen auch Überblicke zur Geschichte der Umweltwissenschaften [108: P. J. BOWLER, Geschichte] und sogar zur Geschichte der Umweltsoziologie [122: M. GROSS, Natur] verfügbar. Geschichte der Umweltwissenschaften

Die Vielzahl der in diesen Bänden vertretenen Stimmen beeindruckt nach wie vor, wirkte jedoch zugleich für sich genommen eher verwirrend. Deshalb war es forschungsstrategisch wertvoll, dass diese Arbeiten durch Theorien mittlerer Reichweite ergänzt wurden. R. P. SIEFERLE formulierte etwa die These, dass in der Frühen Neuzeit die Denkfigur eines harmonischen Haushalts der Natur dominiert habe, in dem zwar ein Wandel der Natur, nicht aber deren fundamentale Krise denkbar war. Erst im 19. Jahrhundert habe die ideengeschichtliche Entwicklung, insbesondere in Form des Darwinismus, die Vorstellung einer totalen anthropogenen Naturkrise ermöglicht, die archetypisch der Grundidee der Umweltkrise des späten 20. Jahrhunderts entsprach [145: Krise]. Anregend war auch E. SCHRAMMS Ideengeschichte der Modelle vom ökologischen Kreislauf, die als Genealogie der in der gegenwärtigen Umweltdebatte virulenten Kreislaufideale angelegt war [144: Namen]. *Theorien mittlerer Reichweite*

Die neuere Entwicklung der Forschung steht unverkennbar unter dem Eindruck des Aufschwungs der Kulturgeschichte. Zu den Pionieren dieser kulturalistischen Wende ist A. CORBIN zu rechnen, der in einer Ende der 1980er Jahre erschienenen Monographie die Entwicklung eines neuen sinnlichen Verlangens nach der Meeresküste zwischen 1750 und 1840 rekonstruierte [112: Meereslust]. Zuvor hatte CORBIN bereits eine vielbeachtete Geschichte des Geruchs vorgelegt [111: Pesthauch], die allerdings nicht unumstritten blieb; F.-J. BRÜGGEMEIER bemerkte zu seiner Interpretation, dass „die für das ausgehende 18. Jahrhundert behauptete Revolutionierung des Geruchs fraglich erscheint" [226: Meer, 78]. Einen dritten Versuch einer solchen Mentalitätsgeschichte der Umwelt unternahm CORBIN mit einer Monographie, die „die Sprache der Glocken" als Weg zur ländlichen Gefühlskultur im Frankreich des 19. Jahrhunderts analysiert [113: Sprache]. *Kulturgeschichtliche Wende* / *Pionierstudien CORBINS*

Auf die symbolischen und ikonischen Grundstrukturen der gesellschaftlichen Naturvorstellungen zielt die von G. und H. BÖHME vorge- *Feuer, Wasser, Erde, Luft* legte Kulturgeschichte der Elemente von der Antike bis zur Gegenwart [107: Feuer]. Das Projekt fand eine Fortsetzung in einer Konferenzreihe der Kunst- und Ausstellungshalle der Bundesrepublik Deutschland, die Vertreter einer großen Zahl von Disziplinen zu einer allerdings nur additiven Synthese zusammenbrachte [vgl. exemplarisch 126: Erde]. Es mehren sich die breit angelegten Kulturgeschichten einzelner Substanzen, etwa des Schnees [130: B. MERGEN, Snow], des Salzes [127: M. KURLANSKY, Salz] und des Zuckers [384: S. W. MINTZ, Macht]; zur globalen Geschichte des Feuers verfasste S. J. PYNE einen eigenen Bücherzyklus [u. a. 137: Vestal Fire; 138: Fire] Unter den kulturalistisch inspirierten neueren Arbeiten ragt ferner S. SCHAMAS „Der Traum von der Wildnis" heraus, eine universalgeschichtliche Rekonstruktion der westlichen Ideen und Mythen, die zur kulturellen „Erfindung" der Landschaft führten und die das Reden über die „unberührte Natur" bis heute prägen. Ausführlich widmet sich SCHAMA dabei auch der Geschichte der Landschaftsmalerei und schlägt insofern eine Brücke zur Kunstgeschichte [143: Traum].

Kaum ein Themenfeld bietet so reichhaltige Perspektiven für eine moderne Ideengeschichte der Natur wie die Geschichte der Beziehungen von Menschen und Tieren. Als erster hat dies K. THOMAS aufgezeigt, indem er in seinem vielbeachteten Werk über „Man and the Natural World" vor allem der Mensch-Tier-Beziehung breiten Raum widmete. THOMAS fügte eine Fülle von Einzelbeobachtungen zu einem Gesamtbild von bestechender Stringenz zusammen: Nutztiere erhielten zunehmend Eigennamen; das ohne spezifischen Nutzen gehaltene Haustier, im Englischen „pet" genannt, etablierte sich als geschätzter Partner und Freund des Menschen; der menschliche Fleischkonsum galt zunehmend als moralisch heikel, seit etwa 1790 entwickelte sich eine artikulierte Bewegung für den Vegetarismus; die Jagdpraxis geriet zumindest dort in die Kritik, wo sie lediglich dem puren Vergnügen diente; mit der Anerkenntnis einer Leidensfähigkeit des Tieres entstand erstmals eine Ausgangsbasis für eine säkulare Kritik der Tierquälerei; das tunlichste Vermeiden unnötiger Schmerzen wurde zum Ausweis kultivierten Verhaltens. Insgesamt präsentiert sich die Frühe Neuzeit hier als ideengeschichtlich zutiefst ambivalente Epoche, in der einerseits Vorstellungen einer menschlichen Suprematie an Boden gewannen, diese aber zugleich in wachsendem Umfang durch Sensibilitäten beschränkt wurden, die einer ungehemmten Nutzung dieser Vorrangstellung entgegenstanden und bis heute die Tierschutzdebatten prägen. Die Entstehung der modernen Tierschutzbewegung im 19. Jahrhundert erscheint so als Ergebnis einer langfristigen Entwicklung [147: Man].

2. Natur als Idee und Utopie

Zur Geschichte der Mensch-Tier-Beziehung ist inzwischen ein breites Spektrum von Titeln von narrativen, populär geschriebenen Überblicken bis zu fundierten wissenschaftlichen Fallstudien verfügbar. Als frühe, breit angelegte Synthese, die auch einige hellsichtige Bemerkungen zu den methodischen Problemen einer Geschichte der Tiere enthält, verdient vor allem eine schon 1984 von R. DELORT vorgelegte Studie Erwähnung [114: Les animaux]. Dass der Boom entsprechender Forschungen sich in den kommenden Jahren fortsetzen dürfte, lässt die kürzlich erfolgte Einrichtung einer Buchreihe „Animals, History, Culture" bei Johns Hopkins University Press erahnen. Die Herausgeberin dieser Reihe, H. RITVO, hatte das Potential des Themas schon vor zwei Jahrzehnten in ihrer breit angelegten Synthese zum Mensch-Tier-Verhältnis im Viktorianischen England demonstriert, die den Bogen von anthropomorphen Bewertungen einzelner Tierarten über Tollwutangst, koloniale Großwildjagd und die frühe Tierschutzbewegung bis hin zu den bemerkenswert populären Hundeschauen in der zweiten Hälfte des 19. Jahrhunderts schlug und dabei stets die Querbezüge zu den Strukturen der britischen Klassengesellschaft im Blick behielt [141: Animal Estate]. Unter den bereits erschienenen Bänden ihrer Reihe befinden sich eine Entstehungsgeschichte des modernen Zoos, in der Hagenbecks Tierpark in Hamburg eine herausragende Rolle spielt [142: N. ROTHFELS, Savages], eine Geschichte der Tiermedizin im 20. Jahrhundert, die das Thema auch als Indikator für Veränderungen im Mensch-Tier-Verhältnis betrachtet [125: S. D. JONES, Valuing Animals], sowie eine Geschichte der Tierzucht im 19. Jahrhundert, die das Streben nach Reinrassigkeit bei Collies, Kurzhornrindern und Araberpferden im Spannungsfeld zwischen züchterischen Idealen und marktwirtschaftlichen Zwängen analysiert [115: M. E. DERRY, Bred]. Die letztgenannte Arbeit trifft sich dabei mit Postulaten einer „evolutionary history", von denen noch zu reden sein wird [II.8].

Deutsche Beiträge zu diesem Themenfeld liegen bislang überwiegend in Aufsatzform vor. Als breit angelegte Überblicke sind vor allem die Aufsatzsammlungen von P. MÜNCH und R. WALZ [132: Tiere] sowie von P. DINZELBACHER [117: Mensch] zu empfehlen. Lesenwert sind auch die Beiträge M. RHEINHEIMERs, der die Ausrottung der Wölfe in Verbindung bringt mit der symbolischen Aufladung der Spezies, die im populären, dem Hexenmythos affinen Werwolfglauben kulminierte. Nur wenn man den Wolf so als Chiffre der gefährlichen und unberechenbaren Natur betrachtet, werden die Unerbittlichkeit und Systematik der Ausrottungskampagne und exzeptionelle Jagdpraktiken wie das Aufhängen erlegter Tiere am so genannten Wolfsgalgen verständlich

Mensch-Tier-Beziehung

Wölfe und Werwölfe

II. Grundprobleme und Tendenzen der Forschung

Tierschutzbewegung [139: Wolf; 140: Angst]. Einen ethnographischen Blick auf die Vogelschutzbewegung des 19. Jahrhunderts und deren Gegner bietet R. JOHLER [124: Vogelmord], M. ZERBEL erörtert die Tierschutzbewegung des Kaiserreichs [358: Tierschutz], J. I. ENGELS den Beitrag der Tiersendungen von Heinz Sielmann, Bernhard Grzimek und Horst Stern für die Entwicklung der deutschen Umweltbewegung [118: Sorge]. J. BUCHNER analysiert verschiedene Aspekte der Veränderungen im alltäglichen Umgang mit Tieren in der Großstadt des 19. Jahrhunderts von der Reiterei bis zum Polizeihund [109: Kultur].

Abschließend sei auf Arbeiten hingewiesen, die ungewöhnliche Wege zu einer Ideengeschichte der natürlichen Umwelt beschreiten. J. HERMAND näherte sich einer Geschichte des ökologischen Bewusstseins durch eine Betrachtung utopischer Zukunftsentwürfe, in denen ökologische Aspekte eine zentrale oder zumindest prominente Rolle spielten. Neben Reden und Schriften von Wissenschaftlern und Politikern nahm HERMAND dabei auch Utopien in Romanform in den Blick und erschloss damit eine weithin vergessene Quellengattung [123: Grüne Utopien]. Einen anderen Blickwinkel wählte H.-L. DIENEL, indem er die Naturvorstellungen der deutschen Ingenieure des Kaiserreichs untersuchte [116: Herrschaft]. Durch die Analyse einer ausgesprochen dispersen Quellenbasis, die von Festreden und Reiseberichten bis zu Firmenkatalogen und Geschäftsbriefen reichte, gelangte er zu dem Ergebnis, dass es unter den deutschen Ingenieuren eine bemerkenswerte, zum Teil sogar fachspezifisch geprägte Sensibilität gegenüber der natürlichen Umwelt gab, die mit gängigen Klischees einer idealisierten „Herrschaft über die Natur" wenig zu tun hatte. Als schwierig erwies sich jedoch der Brückenschlag von diesen Äußerungen zu deren Auswirkungen in der Alltagsarbeit der Techniker. DIENELS resümierende Feststellung, es gebe offenbar eine „Disproportionalität zwischen den ... zahlreich geäußerten abwägenden Naturvorstellungen und den nur geringen Konsequenzen" [116: H.-L. DIENEL, Herrschaft, 179], berührt dabei ein allgemeines Problem ideengeschichtlicher Ansätze in der Umwelthistorie, die häufig recht unvermittelt neben der Realgeschichte des menschlichen Umweltverhaltens stehen. Nur selten gelingt die Verbindung so elegant wie in D. SPEICHs Analyse der Linthkorrektur zwischen 1807 und 1816, die gleichermaßen als Wasserbauprojekt, als Produkt der Spätaufklärung und als Beitrag zum helvetischen „nationbuilding" diskutiert wird. Die Mikrostudie bietet damit ungewöhnlich differenzierte Einsichten in die materiellen wie intellektuellen Ambivalenzen der vielbeschworenen „modernen Naturbeherrschung" [146: Helvetische Meliorationen].

Utopische Romane

Naturvorstellungen der Ingenieure

Unklares Verhältnis von Ideengeschichte und Ereignisgeschichte

3. Wald- und Forstgeschichte

Die Wald- und Forstgeschichte hat in Deutschland eine Tradition, die weit hinter die Anfänge der umwelthistorischen Forschung im engeren Sinne zurückreicht. Ein Denken in langen Zeiträumen ist in der Forstwissenschaft schon von der Sache her naheliegend, da die Konsequenzen waldbaulicher Entscheidungen zwangsläufig auf Jahrzehnte hin spürbar bleiben. Prägend für das historische Interesse der deutschen Forstwissenschaft war zudem der Gründungsmythos des Faches, das im späten 18. Jahrhundert aus fiskalischen Interessen des absolutistischen Staates entstand und sich den Kampf gegen eine säkulare Holzknappheit auf die Fahnen schrieb. *Ursprung in der modernen Forstwissenschaft*

Lange Zeit war die Existenz einer gefährlichen Holznotkrise im 18. Jahrhundert, die eine intensive obrigkeitliche Reglementierung der Waldwirtschaft initiierte, aber letztlich erst durch den Rückgriff auf fossile Energieträger gelöst werden konnte, über den Bereich der Forstgeschichte hinaus unumstritten. Gern zitiert wurde die Einschätzung W. SOMBARTs, dass im „Kampf um den Wald" nichts weniger als das „drohende Ende des Kapitalismus" durch Ressourcenerschöpfung auf dem Spiel stand [181: Der Moderne Kapitalismus, S. 1137–1152]. Es war J. RADKAU, der mit einer Serie provozierender Artikel [u. a. 167: Holzverknappung; 168: Zur angeblichen Energiekrise] erstmals grundsätzliche Zweifel an der Holznotthese anmeldete und zugleich alternative Interpretationsansätze formulierte. Der Konflikt um Existenz und Ausmaß der Holznotkrise ist seither der zentrale Kampfplatz der deutschen Forstgeschichte. *Zweifel an der Holznot-These*

RADKAU bestritt dabei weder die grundsätzliche Möglichkeit einer frühneuzeitlichen Ressourcenkrise noch die Existenz einer breiten Diskussion über Verbesserungsmöglichkeiten in der Holzproduktion und -nutzung. Ihm ging es zunächst vor allem darum, die Offenheit der Frage herauszuarbeiten und apodiktische Behauptungen über die Waldzustände des 18. Jahrhunderts zurückzuweisen. Zentral war dabei der Hinweis auf die Interessengebundenheit des Holznotalarms: Von ihm profitierten in der Regel holzfressende, für die merkantilistische Ökonomie zentrale Gewerbe wie Salinen und Metallhütten, während der frühneuzeitliche Staat an der Waldweide und anderen nichtmonetären Nutzungsformen kein nennenswertes fiskalisches Interesse besaß; zudem diente der Wald vor allem in Krisenzeiten als „Sparkasse". Letztlich lief der Alarmruf auf eine Stärkung der Forstherrschaft sowie der Vertreter der entstehenden Forstwissenschaft hinaus. Zudem betonte RADKAU die prinzipiell sehr elastische Nachfragesituati- *RADKAUS revisionistische Interpretation* on der vormodernen Wirtschaft; Produktionsbeschränkungen besaßen erst aus der späteren Perspektive der industriellen Ökonomie etwas Exzeptionelles. Insgesamt tendierte RADKAU zu der Ansicht, dass die Holznotkrise des 18. Jahrhunderts zu einem Krisentypus gehörte, mit dem die vorindustrielle Gesellschaft über Jahrhunderte zu leben verstand.

Eine der prononciertesten Vertreterinnen der RADKAU'schen Interpretation wurde seine Schülerin I. SCHÄFER, die dem „Gespenst" der Holznot im nordwestdeutschen Fürstentum Lippe nachging. SCHÄFER legte das Schwergewicht auf die politische Instrumentalisierbarkeit der Holznot: Die lippische Regierung trieb damit im stetigen Konflikt mit der Landbevölkerung den Wandel der Waldwirtschaftsform vom regellosen Plenterbetrieb zum Hochwald voran. Zwar gab es einen Preisanstieg beim Holz in der zweiten Hälfte des 18. Jahrhunderts, SCHÄFER hält es jedoch für unwahrscheinlich, dass dafür ein realer Holzmangel ausschlaggebend war [175: Gespenst]. Unterstützung erhielt RADKAU auch durch J. ALLMANN, der in seiner Studie des Pfälzer Raumes herausarbeitete, wie stereotyp die Zustandsbeschreibungen des Waldes vom 16. bis ins 18. Jahrhundert blieben. Der zweifellos vorhandene Wandel der Waldzustände sowie lokale Differenzen fanden in den gouvernementalen Edikten keinen Niederschlag. Zudem wurden die Strafen für Forstdelikte im Unterschied zum Jagdwesen seit dem 16. Jahrhundert nicht verschärft [151: Wald].

Skeptischer fiel das Urteil in B. SELTERs Dissertation über die Waldnutzung im Sauerland im 18. und 19. Jahrhundert aus, die auf innovative Weise Forst- und Agrargeschichte miteinander verband. Ausführlich arbeitete SELTER die verschiedenen Waldnutzungsformen in der vormodernen Agrargesellschaft heraus, gegen die sich die spätabsolutistische Forstverwaltung richtete. Dass diese gewohnheitsmäßige Waldnutzung sich an Nachhaltigkeitskriterien ausrichtete, hält SELTER schon deshalb für unwahrscheinlich, weil diese den Zeitgenossen gar nicht genau bekannt gewesen seien. Selbst erfahrenes Forstpersonal hatte zumindest in den südwestfälischen Gebieten erhebliche Probleme, brauchbare Kriterien für eine nachhaltige Nutzung zu formulieren. Insgesamt vermutet SELTER, dass der Holzverbrauch tatsächlich über die Regenerationsfähigkeit der sauerländischen Wälder hinausging und insofern nicht nur eine antizipierte, sondern vielerorts auch eine reale Verknappungskrise existierte. Zudem verwies er auf den Nexus von Forst- und Agrarreformen: Eine Hebung der Landwirtschaft verminderte die ökonomische Abhängigkeit der Bauern von Holzverkäufen und Waldnebengewerben [179: Waldnutzung].

3. Wald- und Forstgeschichte

Jüngere Arbeiten zur Holznotkrise bemühen sich um ein nuanciertes Bild. C. ERNST geht zwar mit RADKAU davon aus, dass es eine generelle Holznotkrise nicht gab, weist jedoch einen deutlichen Rückgang der Holzproduktionsfläche in Hunsrück und Eifel im späten 18. Jahrhundert nach. Wenn die Zeitgenossen deshalb eine säkulare Versorgungskrise antizipierten, dann taten sie dies keineswegs ohne Grund. Vor allem für den ärmeren Teil der Bevölkerung gab es lokale Mangelsituationen in der Brennholzversorgung, die durchaus Notlagen markierten. Die ökologische Krise wurde insofern von einer sozialen Holzkrise überlagert, die durch die regierungsseitig forcierte Kommerzialisierung der Holzwirtschaft verschärft wurde [157: Wald]. Daran schloss B.-S. GREWE mit einer Studie über Waldressourcen in der bayerischen Pfalz im 19. Jahrhundert an. Auch hier präsentiert sich weniger der absolute Mangel als die von der Forstverwaltung vorangetriebene Vermarktung der Holzwirtschaft und der dadurch für die Bevölkerung zunehmend versperrte Zugang zum Wald als das zentrale Konfliktfeld: Der ländliche Gemeinnutz von Wald und Holz stand nun als Forstfrevel unter Strafe. Indem die Forstverwaltung mit wachsender Konsequenz ein Hochwald-Ideal verfolgte, forcierte sie in der Gegenwart just jene Knappheitskrise, die sie als prospektive Krise zu verhindern versprach [158: Wald]. Im übrigen zeigt GREWE, dass der Konflikt um die Holznot, anders als von RADKAU vermutet, weit ins 19. Jahrhundert hineinragte.

Komplementär zu diesen Studien entstanden Untersuchungen der Holzkonsumenten. Die prekäre sozioökonomische Situation der Waldgewerbe beleuchtet für Ober- und Niederbayern die Münchener Dissertation E. WEINBERGERs. Bemerkenswert ist hier die auffallend kompromissreiche Linie der landesherrlichen Obrigkeit zwischen dem Ausbau der staatlichen Forstwirtschaft und Rücksichten auf gewerbliche Waldnebennutzungen, wobei sich das Interesse an wichtigen Rohstoffen wie Pech und Pottasche mit Fürsorgepflichten sowie den begrenzten Sanktionsmöglichkeiten gegenüber Gewerbetreibenden am unteren Rand der ständischen Gesellschaft verband [183: Waldnutzung]. Ein zweiter wichtiger Holzkonsument waren die Städte, die im Kontext der Holznotdebatte insofern besondere Beachtung verdienen, als sie für die sozialen und ökonomischen Folgen der Holzverknappung besonders empfindlich waren; N. FREYTAG und W. PIERETH sprechen von einem „gleichsam seismographischen Charakter" der Städte für Umweltkrisen. Zugleich brachten die Städte ein letztlich unkalkulierbares Element in die Forstwirtschaft, indem ein Stadtbrand oder ein harter Winter den Holzbedarf schlagartig in die Höhe schnellen lassen konnten, außerdem war die Holzversorgung ein keineswegs unbedeutendes Konfliktfeld der städtischen Armenfürsorge. Zudem erlaubt der Blick auf die städtische Holzversorgung, wie insbesondere N. FREYTAG betont hat, eine Korrektur des forstwissenschaftlichen Vorurteils einer grundsätzlichen Defizienz städtischer Forstpolitiken, das im zeitgenössischen Kontext den Zugriff des Staates zu legitimieren half. Wo kein Wald in städtischem Besitz war, geriet die Holzversorgung rasch zum politischen Spielball, und Holzknappheit wurde dann eher von den Interessen der Landesherren als von einer realen Mangelsituation induziert [180: W. SIEMANN u. a., Städtische Holzversorgung].

Divergenz der Nutzungsinteressen

Einigkeit herrscht inzwischen wohl darüber, dass in den Konflikten des 18. und 19. Jahrhunderts divergente Nutzungsinteressen von Staat, Landwirten, Gewerbetreibenden und Stadtbewohnern verhandelt wurden. Das von der klassischen Schule der Forstgeschichte betonte Motiv der „Rettung" der deutschen Wälder beruhte insofern auf einer Verengung des Blicks, der nur den auf maximale Holzproduktion getrimmten Hochwald als legitime Bewirtschaftungsform akzeptierte. C. ERNST brachte diese unterschiedlichen Nutzungsideale auf den Begriff, indem er für das 18. Jahrhundert zwischen Holzproduktionswald, Landwirtschaftswald und Jagdwald unterschied. Die Notwendigkeit einer gründlichen Differenzierung nach Nutzergruppen, Nutzungsformen und nicht zuletzt auch Baumarten in der Bewertung des Holznotalarms scheint jedenfalls in der universitären Forschung weitgehend unstrittig zu sein. Die auf Holzkohleproduktion und Gerbstoffgewinnung ausgerichtete Haubergwirtschaft des Siegerlandes forderte grundsätzlich andere Bewirtschaftungsformen als etwa die Erzeugung von Bauholz.

Forstwirtschaft im 20. Jahrhundert

Die Forstgeschichte des 20. Jahrhunderts steht deutlich im Schatten des Streits um die Holznot und so sind bislang lediglich Ansätze einer Zeitgeschichte des Waldes und der Forstwirtschaft zu verzeichnen. Immerhin liegt schon länger eine allerdings eher betuliche Forstgeschichte des Dritten Reiches vor [173: H. RUBNER, Deutsche Forstgeschichte], die neuerdings durch M. IMORT [„Eternal Forest – Eternal Volk", in: 289: F.-J. BRÜGGEMEIER u. a., How Green, 43-72] eine Weiterführung erfahren hat, welche das Thema aber bei weitem nicht ausschöpfen konnte. Speziell die kurze Karriere des ökologisch geprägten „Dauerwald"-Konzepts sowie die seltsame Popularität des von Wilhelm Münker geleiteten „Ausschusses zur Rettung des Laubwaldes" sind noch immer in wesentlichen Teilen ungeklärt. Zur Forstpolitik der Nachkriegszeit liegt seit einiger Zeit ein Überblick von R. ZUNDEL und E. SCHWARTZ vor [184: 50 Jahre], eine kürzlich erschienene Arbeit

Forstwirtschaft im NS-Staat

A. NELSONS zeichnet Konturen einer Forstgeschichte Ostdeutschlands [166: Cold War Ecology]. Eine anregende Einführung in die Forstgeschichte des 20. Jahrhundert liefert ein von W. BODE und M. VON HOHNHORST verfasster Band, der einen kurzgefassten historischen Abriss mit gegenwartspolitischen Überlegungen verbindet [154: Waldwende].

BODE schrieb zusammen mit E. EMMERT einen ebenfalls lesenswerten Überblick über Geschichte und Gegenwart der Jagd in Deutschland [153: Jagdwende]. Dabei ist es nicht das geringste Verdienst dieses Bandes, dass er die Brücke von der Jagd als sozialer Praxis zu deren ökologischen Konsequenzen schlägt. Insgesamt überwiegt in der Historiographie der Jagd nämlich ein kulturgeschichtlicher Ansatz, in dem die Jagdpraxis vor allem als soziale Praxis und Indikator gesellschaftlicher Grundeinstellungen interpretiert wird [155: M. CARTMILL, Bambi-Syndrom; 171: W. RÖSENER, Geschichte] und die Frage nach deren Implikationen für die natürliche Umwelt zurücktritt. Eine Studie, die die politische und gesellschaftliche Bedeutung der Jagd ebenso in den Blick nimmt wie die ökologischen Folgen, hat M. KNOLL für Kurbayern vorgelegt [160: Umwelt]. Einen wichtigen Brückenschlag zwischen der Geschichte der Jagd und der Naturschutzgeschichte unternimmt B. GISSIBL, indem er den Verbindungen von Großwildjagd und Schutzkonzepten in den deutschen Kolonialgebieten Ostafrikas nachgeht [301: German Colonialism].

Umweltgeschichte der Jagd

In der letzten Zeit entstanden mehrere Arbeiten zur Kulturgeschichte des Waldes, die zumeist jedoch ohne innere Verbindung neben der Nutzungsgeschichte des Waldes stehen. Den weitesten Bogen schlug der Althistoriker A. DEMANDT mit einem essayistisch angelegten Überblick zum Baum in der Kulturgeschichte von der Antike bis zur Gegenwart [156: Über allen Wipfeln]. Der intellektuellen Nationalisierung des deutschen Waldes ging der Volkskundler A. LEHMANN in einem Aufsatzband [164: A. LEHMANN/K. SCHRIEWER, Wald] sowie einer Monographie nach, die ein breites Spektrum von Quellen von Kunstwerken und populären Sachbüchern bis hin zu Interviews zu einer Genealogie des silvanischen Denkens und Fühlens in Deutschland zusammenfügt [162: Menschen]. LEHMANN ist zudem Autor des Beitrags über den „deutschen Wald" in den vieldiskutierten „Deutschen Erinnerungsorten" [163: Wald].

Kulturgeschichte des Waldes

Es fehlt an einer neueren Überblicksdarstellung, die diese unterschiedlichen Forschungstraditionen zu einem Gesamtbild bündelt. Die verfügbaren Einführungen in die Forstgeschichte [159: K. HASEL, Forstgeschichte; 172: H. RUBNER, Forstgeschichte; 165: K. MANTEL,

Keine Synthese auf dem Stand der Forschung

Wald] bieten zwar eine Fülle wichtiger Einzelinformationen, müssen aber in ihrer Gesamtheit als konzeptionell veraltet eingeschätzt werden. Einen narrativen Überblick, der vor allem die Wandlungsfähigkeit des Ökosystems Wald betont, legte H. KÜSTER vor [161: Geschichte des Waldes]. Auch J. RADKAU und I. SCHÄFER konnten in ihrer Monographie den Reichtum der forsthistorischen Themen nur anreißen [169: Holz]. Eine von H. RUBNER seit 1969 in der VSWG fortgeführte Serie von Forschungsüberblicken konnte dieses Defizit nur sehr begrenzt kompensieren [zuletzt 174: H. RUBNER, Neue Literatur]. Vor allem fällt in diesen Berichten auf, wie sehr sich die Forstgeschichte nach wie vor als abgegrenztes Forschungsfeld betrachtet; die von RADKAU mit seinen Thesen verfolgte Absicht, die Forstgeschichte stärker mit Fragestellungen und Problemen der allgemeinen Geschichtswissenschaft zu verbinden, hat in der seitherigen Forschung nur bedingt Resonanz gefunden.

Quellenprobleme der Forstgeschichte

Ein Grundproblem der wald- und forstgeschichtlichen Forschung ist die ungeheure Zahl der Quellen insbesondere zur Geschichte der staatlichen Forsten. Es ist daher wenig überraschend, dass sich neuere Arbeiten zumeist auf einzelne Regionen konzentrieren, um der Flut der Akten zumindest in geographischer Beziehung Grenzen zu setzen. Auch wenn dieser regionale Ansatz die Forschung zweifellos wesentlich vorangebracht hat, bleibt doch zu hoffen, dass die Wald- und Forstgeschichte in Zukunft den Mut aufbringen wird, über regionale Studien hinaus zu übergreifenden Synthesen zu gelangen. Die von W. SCHENK formulierte Unterscheidung von sieben Grundtypen regionaler waldlandschaftlicher Entwicklung in vorindustrieller Zeit [176: Waldnutzung, 301f.] könnte sich dabei als wichtiger Fingerzeig erweisen.

4. Energiekrisen und Ressourcenprobleme

Seit der berühmten Studie des „Club of Rome" über die „Grenzen des Wachstums" [13: D. MEADOWS u. a., Grenzen] gehört die Begrenztheit fossiler Ressourcen zu den zentralen Themen der Umweltbewegung. Das Ausmaß des Zugriffs auf die globalen Rohstoffvorräte im 20. Jahrhundert ist historisch beispiellos und insofern ein umwelthistorisch bedeutsamer Prozess ersten Ranges. Zur historiographischen Herausforderung wird dieser Prozess dadurch, dass der enorme Ressourcenverbrauch der Industriemoderne in vielen Fällen mit einer weitgehenden Sorglosigkeit über die Endlichkeit der Vorräte einherging. Die resultierende Divergenz zwischen der materiellen und der Diskursgeschichte

Divergenz von materieller und Diskursgeschichte

4. Energiekrisen und Ressourcenprobleme 57

der Energie präsentiert sich insofern als Forschungsproblem, dessen Brisanz erstmals in der erwähnten Holznot-Debatte [II.3] deutlich geworden ist.

Insgesamt waren es weniger der Normalfall des Ressourcenkonsums als vielmehr die krisenhaften Umbrüche, die das Interesse der Umwelthistoriker provoziert haben. Das gilt neben der Holznot vor allem für die Nachkriegszeit, in der der gesellschaftliche Ressourcenverbrauch in allen westlichen Industrienationen rapide in die Höhe schoss. Es waren vor allem C. PFISTER und A. ANDERSEN, die für diese Entwicklung den Begriff „1950er Syndrom" geprägt haben. PFISTER betonte insbesondere den Preisverfall für fossile Energieträger als Ursache für den verschwenderischen und umweltzerstörenden Umgang mit Rohstoffen und Energie seit den 1950er Jahren. Mit einer Fülle quantitativer Angaben suchte PFISTER für die Schweiz zu zeigen, wie eng Energieverbrauch, Wirtschaftswachstum und Umweltfolgen in der Nachkriegszeit miteinander korrelierten [204: 1950er Syndrom]. Breiter setzte ANDERSEN an, indem er den Blick auf Konsum- und Denkmuster erweiterte und so neben dem Wandel des materiellen Konsums auch Grundzüge einer Mentalitätsgeschichte der Konsumgesellschaft zu zeichnen suchte [186: Traum]. Allerdings blieb dabei unklar, wie sich dieser Mentalitätswandel zum zeitlich parallel laufenden Anstieg eines populären Umweltbewusstseins sowie der Formierung einer organisierten und schlagkräftigen Umweltbewegung verhielt.

  „1950er Syndrom"

Die Energiegeschichte der Nachkriegszeit war nicht nur vom quantitativen Wachstum des Energieverbrauchs, sondern auch von folgenreichen Veränderungen der vorherrschenden Energieträger geprägt. Neben dem Aufstieg des Erdöls [dazu insbes. 219: D. YERGIN, Preis] war es vor allem die Nutzung der Kernenergie, die zunächst weitgesteckte Hoffnungen, aber danach auch ähnlich ausgreifende Ängste provozierte. Bis heute unübertroffen ist J. RADKAUS Darstellung der Entwicklung der deutschen Atomwirtschaft, die den äußerst gewundenen Weg der Bundesrepublik ins Atomzeitalter nachzeichnet. Die großen Energiekonzerne, die in der nuklearen Kontroverse oft als Schaltstellen des Atomstaats galten, traten zunächst vor allem als Bremser in Erscheinung. Aufgrund einer glücklichen Quellenlage konnte RADKAU zeigen, dass die reale Technikentwicklung weder von Sicherheitsaspekten noch von ökonomischen Notwendigkeiten, sondern vor allem von den politischen und administrativen Interessen einer zunächst erstaunlich kleinen Gruppe von Protagonisten sowie dem utopischen Ideal eines unendlichen Brennstoffkreislaufs vorangetrieben wurde [205: Aufstieg]. Inzwischen liegen weitere Arbeiten zur Geschichte der

  Atomenergie

Kernenergie in der Bundesrepublik [214: A. WEISKER, Expertenvertrauen; 213: A. TIGGEMANN, Achillesferse; 197: U. KIRCHNER, Hochtemperaturreaktor] sowie der DDR [206: M. REICHERT, Kernenergiewirtschaft; 195: P. HÖGSELIUS, Geschichte] vor, die jedoch sämtlich einer nationalstaatlichen Perspektive verhaftet bleiben. Dabei stehen inzwischen mehrere Arbeiten zur Verfügung, die über thematische Bezüge hinaus auch methodische Anregungen offerieren. Erwähnt seien hier nur G. HECHTs Studie über die französische Atomwirtschaft, die in innovativer Weise Wirtschafts-, Politik- und Kulturgeschichte miteinander verknüpft [193: Radiance], sowie die Studien von P. KUPPER und T. WILDI zur Atomkraftentwicklung in der Schweiz [200: P. KUPPER, Atomenergie; 217: T. WILDI, Traum].

Regenerative Energien

Die Hoffnung auf regenerative Energiequellen gehörte über den Kreis der Atomkraftgegner hinaus zu den wichtigsten Topoi der modernen ökologischen Bewegung. Diese Situation war der Ausgangspunkt für G. MENERs instruktive Studie der Sonnenenergienutzung in Deutschland und den USA, die den Ursachen für das weitgehende Scheitern der Solartechnik am Markt nachgeht. Zentraler Hemmschuh war nach MENER die mangelnde Praxiserfahrung und die Marktferne der Entwicklungsarbeit, die einen Prozess des „learning by using" gar nicht erst in Gang kommen ließen [202: Labor]. Auch M. HEYMANN betont in seiner Geschichte der Windenergienutzung, dass alternative Energiesysteme vor allem in Nischenmärkten Marktchancen hatten. Die großtechnischen Utopien, die von den Höhenwind-Kraftwerken Hermann Honnefs im Dritten Reich bis zum Growian der 1980er Jahre reichen, erscheinen bei HEYMANN vor allem als Hindernis für die technische Entwicklung [194: Geschichte]. Zur Entwicklung der Wasserkraft hat bislang nur D. BLACKBOURN eine Überblicksdarstellung vorgelegt [31: Conquest], die an amerikanische Arbeiten wie R. WHITES Beschreibung des Columbia River als „organische Maschine" [216: Machine] oder M. REISNERS Synthese zum Amalgam von Bewässerungswirtschaft, Stromerzeugung und staatlicher Wohlfahrtspolitik im Westen der USA [207: Cadillac Desert] heranreicht. Die anregendste deutsche Fallstudie in diesem Bereich beschäftigt sich mit dem nicht realisierten Atlantropa-Projekt Hermann Sörgels, das einen gigantischen Staudamm in der Straße von Gibraltar zur Absenkung des Mittelmeers vorsah [191: A. GALL, Atlantropa-Projekt].

Wasserkraft

Der Ressourcenhunger der modernen Industriegesellschaft war zunächst ein überwiegend urbanes Phänomen; die Landwirtschaft war noch ein Nettoenergieproduzent und wandelte sich erst im Zuge von Maschinisierung und Chemisierung zu einem energiefressenden Wirt-

4. Energiekrisen und Ressourcenprobleme

schaftszweig. Folglich ist nicht nur der Konsum von Ressourcen, sondern auch ihr Transport in die urbanen Zentren ein Schlüsselthema der modernen Umweltgeschichte. Keine andere Studie hat dies so nachdrücklich verdeutlicht wie W. CRONONs monumentale Studie über Chicago und die Erschließung des amerikanischen Mittelwestens. Für die Schlüsselressourcen Getreide, Holz und Fleisch arbeitete CRONON die zentrale Rolle der Stadt heraus, die nicht nur zentraler Handels- und Umschlagplatz war, sondern auch der Ort wichtiger Transformationsprozesse, die den natürlichen Ursprung der Produkte verdeckten; die „Metropole der Natur", als die Chicago von CRONON in bewusst provokanter Zuspitzung beschrieben wurde, war damit zugleich ein Ort der Denaturierung und der Verschleierung von Entstehungskontexten [188: Nature's Metropolis]. Im europäischen Kontext gibt es bislang mit R. SCOLAS Analyse der Nahrungsmittelversorgung im viktorianischen Manchester nur eine äquivalente Studie der Ressourcenströme zwischen Stadt und Land [208: Feeding].

_{CRONON, Nature's Metropolis}

Einen ganz anderen Ansatz favorisiert eine Forschergruppe am Wiener Institut für Interdisziplinäre Forschung und Fortbildung, zu der unter anderem M. FISCHER-KOWALSKI, H. HABERL, F. KRAUSMANN und V. WINIWARTER sowie außerhalb des Instituts R. P. SIEFERLE gehören. Angelehnt an tagespolitisch motivierte Studien über „ökologische Rucksäcke" bestimmter Produkte und den globalen Materialaufwand ganzer Volkswirtschaften [vgl. 185: A. ADRIAANSE u. a., Stoffströme] streben diese Forscher eine umfassende Quantifizierung der gesellschaftlichen Stoff- und Energieströme an; in neueren Veröffentlichungen ist auch von einem MEFA-Ansatz (für „material and energy flow accounting") die Rede [192: H. HABERL u. a., Progress]. Die Gesellschaft wird von diesem Ansatz primär in ihrer Funktion als Konsument von in der Natur vorkommenden Stoffen sowie als Emittent der Transformationsprodukte in den Blick genommen; die damit verbundenen Prozesse sollen in ihrem Verlauf beschrieben und zahlenmäßig möglichst exakt erfasst werden. Das Konzept beansprucht trotz der gerade für vorindustrielle Gesellschaften erheblichen Datenprobleme universalgeschichtliche Anwendbarkeit. Das kritische Potential des Konzepts verbindet sich mit dem Begriff der Kolonisierung der Natur, der Interventionen beschreibt, die ein dynamisches natürliches System gezielt in einen bestimmten Zustand bringen und diesen entgegen der natürlichen Tendenz des Systems aufrechterhalten. Das prominenteste Beispiel einer solchen Intervention ist die Landwirtschaft. Der Rückgriff auf fossile Ressourcen wie Eisen, Kohle oder Erdöl wird von Vertretern des MEFA-Ansatzes als erweiterter Metabolismus bezeichnet

MEFA-Ansatz

Kolonisierung der Natur

[190: M. FISCHER-KOWALSKI u. a., Gesellschaftlicher Stoffwechsel; 210: R. P. SIEFERLE u. a., Ende]. Die Verbindung des MEFA-Ansatzes mit anderen Themen und Thesen der Umwelt- wie der allgemeinen Geschichte bleibt allerdings ein Desiderat.

Geschichte der Wiederverwertung

Stoffströme sind auch das Thema der wachsenden Literatur zur Wiederverwertung von Stoffen; allerdings liegt der Akzent hier zumeist nicht auf Energie- oder Materialbilanzen, sondern auf den ökonomischen und kulturellen Implikationen. Schon die Begriffsgeschichte ist dabei erhellend: Die ständigen Neudefinitionen des Wortes „Abfall" verweisen ebenso auf die gesellschaftliche Formbarkeit der Kategorie wie die Tatsache, dass der Begriff erst vor gut 100 Jahren die heute gängige Bedeutung gewann [L. KUCHENBUCH, Abfall, in: 37: J. CALLIESS u. a., Mensch und Umwelt, 257–276]. Als Bereich mit einem traditionell hohen Recyclinganteil verdient dabei der Metall- und vor allem Eisenhandel besondere Aufmerksamkeit. Das Potential dieses Themas hat vor allem C. A. ZIMRINGS Monographie über den amerikanischen Schrotthandel verdeutlicht [220: Cash].

Papier

Ein Stoff mit einer ganz besonderen Recyclinggeschichte ist das Papier, das traditionell aus Lumpen produziert wurde und erst durch die Entwicklung der Zellstoffindustrie in der zweiten Hälfte des 19. Jahrhunderts zum Wegwerfprodukt aufstieg; die Altpapierverwertung zog mit einiger Verzögerung nach und erreichte 1935 ein Viertel der Gesamterzeugung [187: G. BAYERL/K. PICHOL, Papier]. Das Papier spielt auch noch vor Metall und Kunststoff eine zentrale Rolle in der

Verpackungen

von M. NAST vorgelegten Geschichte der Lebensmittelverpackungen in der Nachkriegszeit. Die Berner Dissertation analysiert detailliert den von der Einführung des Selbstbedienungssystems im Lebensmittelhandel beflügelten Aufschwung des Verpackungsmittelkonsums, der sich auch in den 1970er und 1980er Jahren aller Öko-Rhetorik zum Trotz bemerkenswert ungebrochen fortsetzte [203: Verkäufer].

Recycling in Krisenzeiten

Obwohl die Altstoffverwertung vor allem in Kriegs- und Krisenzeiten eine besondere Dringlichkeit gewinnt, haben die Recyclingbestrebungen des NS-Regimes bislang nur wenig Interesse gefunden [196: F. HUCHTING, Abfallwirtschaft]. Dabei handelt es sich um eine durchaus bewegte Geschichte, da sich die Forderungen der NS-Autarkiepolitik nicht mit den tradierten Praktiken des Altstoffhandels deckten und zudem Juden unter den Händlern weit überproportional vertreten waren [199: S. KÖSTERING, Pioniere]. Einen Überblick über die Geschichte des Recyclings bieten ein Aufsatz von R. REITH [Recycling, in: 45: S. HAHN/R. REITH, Umwelt-Geschichte, 99-120] sowie ein kürzlich erschienener Tagungsband [201: R. LADWIG, Recycling]. W. KÖNIGS

4. Energiekrisen und Ressourcenprobleme

„Geschichte der Konsumgesellschaft" enthält Ausführungen zu Wegwerfprodukten sowie zur Konsumkritik [198: Geschichte]. Im Übrigen überschneidet sich die Geschichte des Recyclings mit der Geschichte der Stadthygiene, die der folgende Abschnitt [II.5] thematisiert.

Eine Weltgeschichte der Energiesysteme, die sich auch ökologischen Aspekten ausführlich widmet, haben J.-C DEBEIR, J.-P. DELÉAGE und D. HÉMERY vorgelegt [189: Prometheus]. Darüber hinaus ist immer noch eine Synthese lesenswert, die R. P. SIEFERLE bereits 1982 präsentierte und die 2001 leicht überarbeitet in englischer Sprache erschien [209: Subterranean Forest]. Ausgehend von einer Analyse der Holznotkrise in Deutschland sowie der zeitgleichen Situation im England der Industriellen Revolution entwarf er die Umrisse einer energetischen Weltgeschichte. Auf die Jäger und Sammler des Paläolithikums folgt in SIEFERLEs Typologie die lange Phase eines agrarischen Energiesystems, das letztlich auf der Nutzung der Sonnenenergie basierte und von der neolithischen Revolution bis ins 18. Jahrhundert reichte. Die massenhafte Nutzung der Steinkohle markierte dann die Entstehung eines neuen, fossilen Energiesystems, das auf endlichen Bodenrohstoffen basierte und bis heute existiert. Dabei vertrat SIEFERLE die These, dass der Übergang von Holz zu Kohle in der Dynamik der gesellschaftlichen Entwicklung wurzelte; das agrarsolare Energiesystem war an seine immanenten Grenzen gestoßen und konnte nur durch Rückgriff auf neue, nichterneuerbare Ressourcen den eingeschlagenen Entwicklungspfad fortsetzen.

SIEFERLEs energetische Weltgeschichte

SIEFERLEs Thesen inspirierten eine lebhafte Diskussion, die insgesamt von einem eher kritischen Tenor geprägt war. So wurde eingewandt, dass seine Interpretation auf eine sehr grobe Periodisierung der Weltgeschichte hinausläuft, die eine Fülle von Gesellschaften seit dem Neolithikum mit nur zwei idealtypischen Modellen zu fassen sucht. Das Modell blieb unempfindlich für regionale und nationalstaatliche Unterschiede sowie für Entwicklungen innerhalb der jeweiligen energetischen Regime. Wie sehr eine Umweltgeschichte der Energie gerade im regionalen Rahmen an Profil gewann, demonstrierte etwa J. C. WILLIAMS für den Aufstieg des amerikanischen Bundesstaats Kalifornien [218: Energy]. Weiter wurde darauf hingewiesen, dass SIEFERLEs Interpretation eine bemerkenswerte Ähnlichkeit zu modernistischen Geschichtsbildern besaß, in denen der Energieverbrauch als Leitindikator des gesellschaftlichen Wohlstands erschien. Wie zweifelhaft dieser Zusammenhang tatsächlich war und ist, hat U. WENGENROTH in einem hellsichtigen Essay demonstriert [215: Eiffelturm]. Schließlich ergaben sich auch grundsätzliche Zweifel an SIEFERLEs Ansatz, nicht menschli-

Diskussion von SIEFERLEs Typologie

Energieverbrauch als Wohlstandsindikator?

che Verhaltensweisen, sondern die energiestoffliche Basis zum Angelpunkt der historischen Analyse zu erheben, da der Energieverbrauch tatsächlich weniger Movens der Weltgeschichte als Resultat der sozioökonomischen Entwicklung gewesen sei. Andererseits ignoriert eine solche Kritik, dass der historisch präzedenzlose Ressourcenhunger der modernen Industriegesellschaft durch SIEFERLE zum ersten Mal in seiner ganzen umwelthistorischen Dramatik beschrieben und analytisch verarbeitet wurde. Der Wert der These liegt insofern auch in ihrer historiographisch produktiven Einseitigkeit begründet.

5. Umweltverschmutzung und Stadthygiene

Verschmutzungsprobleme haben in der deutschen Umweltgeschichtsforschung von Anfang an einen zentralen Stellenwert besessen. Zeitweise war ein fast schon bedenkliches Überwiegen solcher Themen zu konstatieren, hinter denen andere Bereiche der Forschung zu verschwinden drohten. Dabei dominierte der analytische Zugriff über die einzelnen Verschmutzungsprobleme; Monographien, die mehrere Problemfelder in den Blick nahmen [z. B. 228: F.-J. BRÜGGEMEIER/T. ROMMELSPACHER, Blauer Himmel; 225: R. BIRKENFELD/M. JUNG, Stadt], blieben in der Minderheit und tendierten zudem zu einer lediglich additiven Sicht. Der Transfer von Problemstoffen zwischen den verschiedenen Umweltmedien, die der amerikanische Umwelthistoriker J. A. TARR schon in den 1980er Jahren in einem brillanten Essay analysierte [271: Search], blieb im deutschsprachigen Raum mit Ausnahmen [235: M. FORTER, Farbenspiel] ein kaum untersuchtes Phänomen.

Ansatz über einzelne Verschmutzungsprobleme

Die Historiographie der Luftverschmutzung lieferte lange Zeit ein besonders prägnantes Beispiel für die enge Verbindung von Umweltgeschichte und Umweltbewegung. Die Anfänge der Forschung fielen nämlich mit dem Beginn einer breiten öffentlichen Diskussion über neuartige Waldschäden zusammen, die rasch unter dem Schlagwort „Waldsterben" subsumiert wurden. Seinen deutlichsten Niederschlag fand diese Koinzidenz in der Rezeptionsgeschichte eines von G. SPELSBERG ursprünglich 1984 publizierten Buchs [267: Rauchplage], das unverkennbar unter dem Eindruck der Waldsterbensdebatte verfasst worden war und das für die Forschungsentwicklung weitaus prägender wurde als die deutlich nuancierteren Arbeiten, die vor allem I. MIECK zu diesem Zeitpunkt bereits zum preußischen und französischen Immissionsschutz im 19. Jahrhundert vorgelegt hatte [251: Aerem; 252: Luftverunreinigung; 253: Anfänge]. Die Geschichte der Luftver-

Geschichte der Luftverschmutzung

Kontext der Waldsterbensdebatte

Pionierstudie G. SPELSBERGS

5. Umweltverschmutzung und Stadthygiene

schmutzung präsentierte sich bei SPELSBERG als lange Geschichte des Scheiterns und des Versagens; nicht nur unterschwellig wurde eine unheimliche Allianz von Staat, Industrie und Experten suggeriert, die Luftverschmutzungsprobleme über Jahrzehnte hinweg systematisch marginalisiert habe. Dabei basierte die Arbeit auf einer recht dünnen Materialgrundlage: Die zeitgenössische Literatur wurde nur sehr selektiv und der Bestand an Archivquellen überhaupt nicht genutzt.

Vor dem Hintergrund der dürftigen umwelthistorischen Literaturlage der 1980er Jahre kam SPELSBERGS Arbeit das Verdienst zu, dass hier zum ersten Mal das Potential einer kritischen Verschmutzungsgeschichte erkennbar wurde. Insofern kann die Arbeit als Initialzündung für eine Forschungstradition betrachtet werden, die im Laufe der Zeit eine Reihe gewichtiger Monographien hervorbrachte. Am weitesten gingen die Ambitionen F.-J. BRÜGGEMEIERs, der nach Arbeiten zur Umweltgeschichte des Ruhrgebiets [227: F.-J. BRÜGGEMEIER/T. ROMMELSPACHER, Geschichte] eine Synthese zum Umgang mit Luftverschmutzungsproblemen von 1800 bis zum Ersten Weltkrieg vorlegte [226: Meer]. Die Wasser- und Luftverschmutzungsprobleme der preußischen Provinz Westfalen analysierte U. GILHAUS in ihrer Dissertation, die den Übergang von einer vormodernen „moral economy", die einen betont pfleglichen Umgang mit der Umwelt praktizierte, zur rücksichtslosen, staatlich sanktionierten Verschmutzung des Industriezeitalters beschrieb [238: Schmerzenskinder]. A. ANDERSEN präsentierte eine „historische Technikfolgenabschätzung" der Verschmutzungsprobleme von Metallhütten und der Chemieindustrie im 19. und frühen 20. Jahrhundert [221: Historische Technikfolgenabschätzung]. Weitere Arbeiten zur chemischen Industrie legten K. O. HENSELING [242: Planet], R. HENNEKING [241: Chemische Industrie] und M. FORTER [235: Farbenspiel] vor. Die Bedeutung der Experten hob vor allem die international vergleichende Studie M. STOLBERGs hervor, die schon für das frühe 19. Jahrhundert eine systematische Privilegierung der Sicht der Industriellen behauptete und folglich von industrialistischen „Legitimationsexperten" sprach [269: Recht].

Es dauerte einige Zeit, bis alternative Lesarten zu jenem scharfen industriekritischen Tonfall Gehör fanden, der die Literatur seit SPELSBERG prägte. Differenzierte Interpretationen, wie sie etwa neben MIECK auch von P. HÜTTENBERGER in Aufsatzform vorgelegt wurden [244: Umweltschutz], blieben weitgehend unbeachtet; die optimistisch grundierte Monographie, die F. SPIEGELBERG 1984 publizierte [268: Reinhaltung], wurde zurecht als apologetische Darstellung der Arbeit der VDI-Kommission Reinhaltung der Luft zurückgewiesen. Ein nur

Weitere industriekritische Interpretationen

Umweltprobleme der chemischen Industrie

Parteinahme der Experten

wenig beachteter historischer Umweltatlas für die Stadt Münster bot eine Vielzahl interessanter Perspektiven auf die Geographie der Umweltverschmutzung, lieferte aber keine neuen Interpretationen [239: P. HADAMCZYK/R. KAMPHERM, Umweltatlas]. Demgegenüber sah F. UEKÖTTER das Schlüsselproblem weniger in divergenten Wertvorstellungen als in der Interaktion der Beteiligten und der Umsetzung der Zielvorstellungen in konkrete Maßnahmen. Seit dem späten 19. Jahrhundert habe für wichtige Verschmutzungsprobleme ein breiter Konsens bestanden, dass behördliche Interventionen zu deren Bekämpfung sowohl legitim als auch nützlich seien; erst bei der Transformation dieses Konsenses in eine effektive administrative Strategie hätten sich die entscheidenden Probleme ergeben. Die unstrittige Defizienz der Luftreinhaltung erscheint da vor allem als Resultat behördlicher Konzeptions- und Orientierungslosigkeit [273: Rauchplage].

Schneller setzte die Kritik an einer deklensionistischen Interpretation bei der Umweltgeschichte des Wassers ein. Zu offenkundig war hier die Doppelrolle der Großstädte als Konsumenten von Frischwasser und Produzenten von Abfällen, zu gering auch lange Zeit der Beitrag der Industrie, die erst um 1900 die städtische Bevölkerung als größten Verschmutzer ablöste. Die methodisch reflektierteste Arbeit legte J. BÜSCHENFELD vor, der die wasserhygienischen Debatten des Kaiserreichs in einem Akteursdreieck von Wissenschaft, Staat und Öffentlichkeit betrachtete. Auf diesem Weg konnte BÜSCHENFELD ein nuanciertes Bild der zeitgenössischen Möglichkeiten entwerfen. Der 1877 gegründete „Internationale Verein gegen Verunreinigung der Flüsse, des Bodens und der Luft", der in frühen umwelthistorischen Veröffentlichungen noch als verheißungsvolle ökologische Alternative firmierte, entpuppte sich beispielsweise als zutiefst deutscher Verein, der sich durch eine allzu enge Kritik an der Schwemmkanalisation ins politische Abseits manövrierte. Zudem beschrieb BÜSCHENFELD die prekäre Rolle wissenschaftlicher Experten im Konflikt um die Abwässer der Kaliindustrie: In Ermangelung klarer Grenzwerte und erprobter Analyseverfahren zogen sich die Gutachter auf Geschmacksproben zurück und diese ergaben bei identischem Salzgehalt weit auseinanderklaffende Befunde [229: Flüsse].

Der Umgang mit Wasserverschmutzungsproblemen verband sich eng mit den Bestrebungen um die Besserung der städtischen Hygiene in den rasch wachsenden Metropolen des Kaiserreichs. Noch 1987 äußerte H. BERNDT die Einschätzung, diese Hygienebewegung sei ein „vergessenes Thema von Stadt- und Architektursoziologie" [223: Hygienebewegung], eine Bewertung, die sich aber noch im selben Jahr

5. Umweltverschmutzung und Stadthygiene

durch das Erscheinen von R. J. EVANS' monumentaler Studie über die Hamburger Cholera-Epidemie 1892 relativierte [234: Tod]. Ausführlich diskutierte EVANS die komplexen Ursachen der Hamburger Katastrophe: die institutionellen Defizite der Hamburger Leistungsverwaltung, das Verhältnis von Krankheitsgefahr und sozialer Schichtung, die populären Hygienevorstellungen, die Verschmutzungsprobleme der Großstadt, die Defizite von Wasserversorgung und Kanalisation und die medizinischen Kontroversen zwischen Max von Pettenkofer als prominentestem Vertreter der Miasmatheorie und den am Ende siegreichen Kontagionisten um Robert Koch. Insgesamt konnte EVANS am Hamburger Beispiel zeigen, wie eine breit angelegte Analyse städtischer Gesundheitsprobleme und Hygienepolitiken zu Grundfragen der allgemeinen Geschichte hinführt.

<small>EVANS, Tod in Hamburg</small>

Eine Reihe von Studien hat diese Impulse aufgegriffen und Wasserverschmutzungs- und -versorgungsprobleme aus unterschiedlichen Perspektiven analysiert. J. PAUL analysierte die vielfältigen Verschmutzungsprobleme entlang der Sieg und der linksrheinischen Rur im Industriezeitalter und zeigte dabei, dass die behördlichen Gegenmaßnahmen trotz zahlreicher Proteste bis in die Nachkriegszeit hinein über punktuelle Ansätze nicht hinauskamen [256: Abwassergeschichte; 257: Grenzen]. Auf eine einzelne Firma, die Tuchfabrik Ludwig Müller in Kuchenheim bei Euskirchen, konzentrierte sich die Dissertation von A. DIX, die aufgrund einer außergewöhnlich guten Quellenlage die diffizile Doppelrolle der Firma als Konsument und Verschmutzer knapper Wasserressourcen herausarbeiten konnte [233: Industrialisierung]. Die Entstehung städtischer Infrastrukturen zur Versorgung der Großstädter mit Trinkwasser und Entsorgung der Abwässer haben P. MÜNCH für München [255: Stadthygiene] und S. MOHAJERI für Berlin [254: 100 Jahre] analysiert. Die von der älteren Forschung postulierte Schlüsselrolle der Cholera wurde neuerdings mit unterschiedlichen Argumenten von MOHAJERI und A. I. HARDY [240: Ärzte] hinterfragt. MOHAJERIS Studie entstand zudem in einem Projekt, das dank einer parallel verfassten Untersuchung der Wasserversorgung Istanbuls, in der öffentliche Brunnen sehr lange eine zentrale Rolle spielten [231: N. DINÇKAL, Istanbul], das Bewusstsein für die kulturellen Selbstverständlichkeiten schärfte, die dem modernen Wassergebrauch zugrunde liegen. Bislang fehlt eine Synthese, die die Forschungsergebnisse ähnlich souverän bündelt, wie M. V. MELOSI dies für die Vereinigten Staaten vorexerziert hat [250: Sanitary City].

<small>Umweltsituation der Flüsse</small>

<small>Städtische Infrastrukturen</small>

Insgesamt konzentriert sich der Blick in der deutschen Literatur stark auf die technische Seite der Infrastruktur. Dass hinter der „Vernetzung der Stadt" (D. Schott) auch eine menschliche Geschichte von Arbeitern und Technikern stand, wurde bislang kaum thematisiert; D. REIDS anregende Studie über die Pariser Kanalarbeiter [260: Paris Sewers] blieb im deutschsprachigen Raum ohne Äquivalent. Auch fehlt bislang eine Studie, die städtische Entsorgungsprozesse einmal nicht aus urbaner Sicht, sondern mit Blick auf die Reststoffe im Abwasser betrachtet, wie dies R. A. WINES für das Recycling urbaner Abfälle als landwirtschaftlicher Dünger in den USA geleistet hat [274: Fertilizer]. Zudem belegt WINES' Studie den heuristischen Wert des von J. A. TARR skizzierten Forschungsprogramms einer ständigen „search for the ultimate sink", der Ambivalenz von vermeintlichen Problem*lösungen*, die sich auf lange Sicht als Problem*verlagerungen* entpuppten [271: Search].

<small>Urbaner Fokus</small>

Die Umweltgeschichte des Abfalls ist zweifellos ein Thema, das eine multiperspektivische Sicht erfordert. Bereits erwähnt wurden jene Studien, die den Ressourcenaspekt ins Zentrum rücken [II.4]. Zur Entsorgung des urbanen Mülls liegen neben einem Aufsatz zur Müllverbrennung [222: M. BERGMEIER, Zur Geschichte] lokalhistorische Monographien zu Berlin [246: S. KÖSTERING/R. RÜB, Müll] und Hamburg [236: H. FRILLING/O. MISCHER, Pütt] vor. Die von G. HÖSEL bereits 1987 präsentierte „Kulturgeschichte der Stadtreinigung" ist inzwischen wohl nur noch als Sammlung von Einzelinformationen lesenswert [243: Unser Abfall]. Das enorme Potential einer Sozial- und Kulturgeschichte des Abfalls verdeutlicht für den amerikanischen Fall S. STRASSER [270: Waste].

<small>Müll als umwelthistorisches Thema</small>

Die Umweltgeschichte des Lärms ist bislang über Ansätze nicht hinausgekommen. Dabei lässt ein materialreicher Aufsatz K. SAULS erahnen, welch reichhaltiger Quellenfundus hier noch der Erschließung harrt [261: Wider die „Lärmpest"]. Auch die Umweltgeschichte des Bodens ist – wenn man von Arbeiten zur Geschichte des landwirtschaftlich genutzten Bodens absieht [dazu II.8] – über einzelne Entwürfe [228: F.-J. BRÜGGEMEIER/T. ROMMELSPACHER, Blauer Himmel, 75-88; E. SCHRAMM, Zu einer Umweltgeschichte des Bodens, in: 34: DIES., Besiegte Natur, 86-105] nicht hinausgekommen. Möglicherweise fehlte in Deutschland ein Ereignis, das das historiographische Interesse in ähnlicher Weise fokussierte wie der Giftmüllskandal von Love Canal im amerikanischen Bundesstaat New York, der mehrere wissenschaftliche Untersuchungen provoziert hat [insbes. 249: A. MAZUR, Hazardous Inquiry]. Bislang konzentrieren sich deutsche Arbeiten zur Umweltgeschichte des Bodens auf die umfassende kartographische Erfassung früherer industrieller Nutzungen; allerdings dient diese Bodenkartie-

<small>Lärmprobleme</small>

<small>Umweltgeschichte des Bodens</small>

rung eher planerischen als historiographischen Zwecken [262: K. SCHLOTTAU, Eingriffe]. Trotz dieser Forschungslücken präsentiert sich die Geschichte der Umweltverschmutzung insgesamt als eines der besterforschten Themenfelder der deutschen Umweltgeschichte. Kaum ein anderes europäisches Land hat hier eine ähnliche Breite von Untersuchungen zu bieten, selbst die amerikanische Forschungsentwicklung blieb zeitweise deutlich hinter der deutschen zurück [104: J. K. STINE/J. A. TARR, Intersection]. Nicht zuletzt ermutigte die relative Ähnlichkeit der Verschmutzungsprobleme in Industriegesellschaften internationale Vergleiche [232: N. DINÇKAL/S. MOHAJERI, Blickwechsel; 252: I. MIECK, Luftverunreinigung; 269: M. STOLBERG, Recht; 273: F. UEKÖTTER, Rauchplage] und Konferenzprojekte [224: C. BERNHARDT/G. MASSARD-GUILBAUD, Démon Moderne], so dass heute von einem der am stärksten internationalisierten Forschungsfelder der Umweltgeschichte zu sprechen ist. In den letzten Jahren ist in der deutschen Forschungslandschaft hingegen ein nachlassendes Interesse an diesen Themen zu registrieren. Offenkundig ist nach der intensiven Forschung eine gewisse Sättigung eingetreten; möglicherweise spielt auch die nachlassende politische Virulenz des Themas eine Rolle.

Internationaler Vergleich

Nachlassendes Interesse in jüngster Zeit

Dabei fehlt es nicht an Perspektiven für weitere Arbeiten. Über die erwähnten Desiderate hinaus sei etwa auf die günstigen Perspektiven einer Öffnung für kulturgeschichtliche Fragestellung hingewiesen. Bereits vorliegende Arbeiten wie C. SIMONs Kulturgeschichte des Insektizids DDT [265: DDT] und F. CHAPELLEs Buch über die amerikanische Mineralwasserindustrie [230: Wellsprings] lassen erahnen, welches Potential sich bietet, wenn sich der Blick nicht nur auf die problematischen Aspekte einer Substanz richtet, sondern die gesellschaftlichen Praktiken ihres Gebrauchs in ihrer ganzen Breite in die Betrachtung einbezogen werden. Eine weitere Entwicklungsmöglichkeit liegt in der Analyse von firmeninternen Entscheidungsprozessen über umweltrelevante Investitionen; als Pionier einer solchen Firmenumweltgeschichte ist eine von M. SCHUMACHER und M. GRIEGER verfasste Studie über das Wolfsburger Volkswagenwerk anzusehen [264: Wasser]. Wünschenswert wäre auch die Historisierung der bemerkenswert raschen Bekämpfung zahlreicher Verschmutzungsprobleme in den 1970er und 1980er Jahren, die in der Umweltbewegung bis heute als generationelle Erfahrung nachwirken: Einiges deutet darauf hin, dass diese Erfolge nur deshalb möglich waren, weil sie stillschweigend auf Vorleistungen beruhten, die weit hinter den Beginn der ökologischen Mobilisierung zurückreichten. Historisch scheint die rasche Aufeinanderfolge von

Desiderate der Forschung

Verschmutzungsprobleme im ökologischen Zeitalter

Problemidentifikationen und -lösungen in dieser Zeit eher der Ausnahmefall zu sein. Insgesamt dokumentiert sich in der Geschichte der Umweltverschmutzung nachdrücklich die kolossale Macht des Trägheitsgesetzes und die Schwierigkeit umweltpolitischer Regulierung, ein Befund, der nicht zuletzt vor dem Hintergrund aktueller Entwicklungen etwa in der Klimapolitik eher skeptische Perspektiven offeriert.

6. Naturschutz und Landschaftspflege. Soziale Bewegungen vor dem ökologischen Zeitalter

Normative Ausgangssituation

Für eine Forschungsrichtung, die stark von der Umweltbewegung der Gegenwart inspiriert war, stellte die Frage nach den historischen Wurzeln dieser Bewegung einen naheliegenden Teil der eigenen Agenda dar. Zugleich ergab sich durch diese Ausgangsfrage ein positiver Grundtenor, der vor allem in frühen Veröffentlichungen unverkennbar war. Wenn sich dieser Impetus dennoch in der deutschen Forschung weniger prononciert niederschlug als in der Literatur zu anderen Ländern, dann lag dies zweifellos an dem Befund, dass die Traditionen des Umwelt- und Naturschutzes in Deutschland überwiegend im konservativen Spektrum zu finden waren. Hinzu kam die Einsicht, dass sich die deutsche Naturschutzbewegung augenscheinlich ohne große Konflikte in den NS-Staat einfügte. Der Nationalsozialismus steht seither als sperriger Block einer allzu enthusiastischen Geschichtsrezeption entgegen.

Frage der Eingrenzung

Das Schlüsselproblem einer solchen Genealogie ist die Frage der Kriterien, die eine Gruppe zu einem Vorläufer der heutigen Umweltbewegung machen. Als Extremfall einer weiten Definition darf die Geschichte der amerikanischen Umweltbewegung von R. GOTTLIEB gelten, in der auch Personen wie Jane Addams berücksichtigt wurden, die sich selbst weniger als ökologische denn als Sozialreformer verstanden [303: Forcing].

Enge Definition in Deutschland

In der deutschen Literatur dominiert hingegen bis heute eine recht enge Definition. Der Blick konzentriert sich stark auf jene Personen und Gruppen, die sich explizit als Vertreter des Natur- und Heimatschutzes begriffen. Zudem ist die deutsche Forschung in ungewöhnlichem Maße national fixiert geblieben, obwohl die Zeit um 1900 in vielen westlichen Ländern eine Phase intellektueller und institutioneller Weichenstellungen im Naturschutzbereich markierte. In jüngster Zeit wird dieser nationalstaatliche Rahmen in der Forschung zunehmend problematisiert.

Immerhin hatte diese thematische und geographische Beschränkung den Effekt, dass die Formationsperiode der deutschen Natur-

6. Naturschutz und Landschaftspflege 69

schutzbewegung im Kaiserreich heute das vielleicht am intensivsten erforschte Themenfeld der deutschen Umweltgeschichtsforschung darstellt. Die starke Betonung institutionen- und ideengeschichtlicher Fragestellungen zeigte sich bereits in der Münchener Dissertation A. KNAUTS, die sich vor allem auf die Heimatschutzbewegung und den reichsweiten „Bund Heimatschutz" konzentriert [315: Zurück]. Den für die Frühzeit des Bundes Heimatschutz wichtigen Konflikt um das Wasserkraftwerk Laufenburg am Oberrhein unterzog U. LINSE einer ausführlichen Analyse [321: Raub]. Breiter angelegt ist die Habilitationsschrift des Volkskundlers F. SCHMOLL, der stärker als LINSE und KNAUT die Vielstimmigkeit der Naturschutzbewegung des Kaiserreichs herausarbeitet. Das Ergebnis ist ein buntes Panorama der zeitgenössischen Vereinslandschaft auf nationaler wie regionaler Ebene, das vom Pflanzen- und Vogelschutz über Heimatschutz und Landschaftspflege bis zur preußischen und außerpreußischen Naturschutzverwaltung reicht; außerdem spürt SCHMOLL den dispersen Vorläufern der Naturschutzbewegungen im 19. Jahrhundert nach [342: Erinnerung]. Von W. OBERKROME stammt eine materialreiche Studie der Heimatbewegungen in Westfalen, Lippe und Thüringen vom Kaiserreich bis in die Nachkriegszeit [325: Deutsche Heimat], den Kontext der zeitgenössischen Zivilisationskritik mit seinen spezifischen Visionen von Natur und Technik beleuchtet T. ROHKRÄMER [333: Moderne]. Darüber hinaus verdienen nach wie vor die schon früh von R. P. SIEFERLE [343: Fortschrittsfeinde] und U. LINSE [320: Ökopax] vorgelegten Überblicksdarstellungen zu den Vorläufern der deutschen Umweltbewegung Beachtung.

Der Heimatbegriff hat als ebenso zentrales wie schillerndes Leitmotiv der Naturschutzbewegung in besonderem Maße das Interesse der Forscher auf sich gezogen. Als derzeit maßgebende Analyse hat wohl die erwähnte Darstellung W. OBERKROMES zu gelten, die eine Betrachtung der regionalen Praxis heimatschützerischer Natur- und Kulturpflege mit Beobachtungen zur nationalen und rassistischen Aufladung des Begriffs verbindet [325: Deutsche Heimat]. Aufschlussreich ist auch die ebenfalls regional fokussierte Arbeit C. APPLEGATES über die Heimatbewegung in der Pfalz, die Naturschutzarbeit mit Tourismusförderung und einigen weiteren Arbeitsbereichen verband; als Pioniere sieht APPLEGATE dabei die Verschönerungsvereine des späten 19. Jahrhunderts, die in anderen Arbeiten durch die Fixierung auf die Gründungswelle um 1900 oft aus dem Blick geraten [275: Nation]. Auffallend ist das Interesse außerdeutscher Autoren am Begriff der Heimat, wobei jedoch ökologische Bezüge häufig nur am Rande themati-

Formationsperiode um 1900

Heimat als Schlüsselbegriff

siert werden [293: A. CONFINO, Nation; 284: E. BOA/R. PALFREYMAN, Heimat]. Die von W. H. ROLLINS verfasste Darstellung der Heimatbewegung des Kaiserreichs schreibt ihr sogar Vorbildcharakter für die Gegenwart zu, geht dabei jedoch mit den Schattenseiten der Bewegung nicht immer glücklich um [334: Greener Vision].

<small>Naturschutz und Nationalsozialismus</small>

Eine Betrachtung der Naturschutz- und Heimatschutzbewegung des Kaiserreichs kann nicht ausblenden, dass sich die entsprechenden Verbände mit wenigen Ausnahmen nach 1933 mit dem Nationalsozialismus zu arrangieren verstanden. Die Erforschung der Umweltbewegungen im NS-Staat begann nach umwelthistorischen Maßstäben schon sehr früh mit den Veröffentlichungen von W. MRASS [323: Organisation] und K.-G. WEY [89: Umweltpolitik]. Zeitweise erregten die Veröffentlichungen von G. GRÖNING und J. WOLSCHKE-BULMAHN erhebliches Interesse [DIES., Landschafts- und Naturschutz, in: 309: D. KERBS/J. REULECKE, Handbuch, 23-34], die jedoch inzwischen aus methodischen und empirischen Gründen ebenso als überholt gelten müssen

<small>Keine „Grüne Fraktion" im NS-Staat</small>

wie die These einer vom nationalsozialistischen Reichsminister für Ernährung und Landwirtschaft Richard Walther Darré angeführten, stark anthroposophisch geprägten „green party" im NS-Regime, mit der A. BRAMWELL in den 1980er Jahren Aufsehen erregte [285: Blood]. Einen Überblick über neuere Forschungsansätze bieten der Konferenzband einer vom Bundesumweltministerium initiierten Tagung, die sich auf die Naturschutzbewegung konzentrierte [327: J. RADKAU/ F. UEKÖTTER, Naturschutz und Nationalsozialismus], sowie ein thematisch weiter gefasster Band, der über die Naturschutzbewegung hinaus auch Beiträge zu einer Umweltgeschichte der NS-Zeit enthält [289: F.-J. BRÜGGEMEIER u. a., How Green].

Inzwischen scheint Einmütigkeit zu herrschen, dass die Zusammenarbeit der Naturschutzbewegung mit dem NS-Staat keineswegs durch ideologische Affinitäten vorprogrammiert war. Typisch ist etwa F. SCHMOLLS Warnung vor schlichten Teleologien und dem „eifrigen Sammeln und Markieren von xenophobischen Reizvokabeln": Tatsächlich waren rassenbiologische und antisemitische Stimmen in der Naturschutzbewegung vor allem vor 1918 ein Randphänomen [F. SCHMOLL, Die Verteidigung organischer Ordnungen, in: 327: J. RADKAU/F. UEKÖTTER, Naturschutz und Nationalsozialismus, 169-182; Zitat 169]. Auch W. OBERKROME betont eine Divergenz zwischen nationalsozialistischen Idealen einer umfassenden Landschaftsplanung und regionalen Heimatschützern, die auf den Umschwung von der Bewahrung zur Planung reserviert reagierten [325: Deutsche Heimat]. Auf diesen Befunden aufbauend sieht F. UEKÖTTER in der bislang einzigen

6. Naturschutz und Landschaftspflege

Gesamtdarstellung zur Umweltbewegung im NS-Staat das entscheidende Bindeglied in der praktisch-administrativen Naturschutzarbeit, hinter der die ideologischen Divergenzen verschwanden. Entscheidend war dafür das 1935 verabschiedete Reichsnaturschutzgesetz, das ausgesprochen weitreichende und rechtsstaatlich problematische Grundlagen für die praktische Naturschutzarbeit schuf [351: The Green]. *Reichsnaturschutzgesetz als Schlüsselereignis*

Der Autobahnbau galt lange Zeit als Indiz für eine landschaftsökologische Sensibilität des NS-Regimes. Dass die Realität der landschaftspflegerischen Begleitplanung weitaus prosaischer war, zeigt T. ZELLER in seiner Münchener Dissertation: Die Arbeit der von Alwin Seifert angeführten Landschaftsanwälte blieb weit hinter deren Idealen zurück und bewegte sich nicht selten am Rande der Bedeutungslosigkeit [357: Straße]. ZELLERs Arbeit liefert damit zugleich erste Perspektiven einer Landschaftsgeschichte der NS-Zeit, deren skeptischer Tenor sich mit den Befunden T. M. LEKANs zur Umweltgeschichte des Rheinlands im Nationalsozialismus deckt, wo die durchaus vorhandenen Erfolge letztlich in keinem Verhältnis zu den Einbußen und gescheiterten Projekten standen [319: Imagining]. Eine ähnliche Vermutung wagt auch UEKÖTTER für das gesamte Reichsgebiet, weist allerdings darauf hin, dass sich die Naturschützer, in administrativen Kategorien denkend, aufgrund der rapide emporschnellenden Zahl der Naturdenkmäler und Naturschutzgebiete subjektiv durchaus erfolgreich wähnten [351: The Green]. *Landschaftsgeschichte der NS-Zeit* *Erfolg des NS-Naturschutzes?*

Die langfristigen Konsequenzen des Bündnisses von Naturschutzbewegung und NS-Staat sind noch zu weiten Teilen ungeklärt. J. I. ENGELS hat in einem instruktiven Aufsatz die rechtlichen, institutionellen und personellen Kontinuitäten betont. Versuche, den Naturschutz zu einem Frieden und Demokratie verpflichteten Anliegen zu erklären, waren weniger Belege eines Gesinnungswandels als Ausdruck politischer Flexibilität [ENGELS, „Hohe Zeit" und „dicker Strich", in: 327: J. RADKAU/F. UEKÖTTER, Naturschutz und Nationalsozialismus, 363–404]. Auch W. OBERKROME betont für die Heimatbewegung der frühen Nachkriegszeit das Anknüpfen an die tradierten Deutungsmuster des Kaiserreichs, die erst in den 1960er Jahren deutlich verblassten [325: Deutsche Heimat]. In gewisser Spannung zu diesen Interpretationen hat F. UEKÖTTER die These formuliert, dass die NS-Erfahrung eine betonte Distanz der Naturschützer zu anderen gesellschaftlichen Gruppen und insbesondere politischen Parteien begünstigt habe. Aus einer tiefsitzenden Angst heraus, erneut ein ähnlich desaströses Bündnis wie jenes mit dem NS-Staat einzugehen, habe sich der Naturschutz auf einen kleinen Kernzirkel von vertrauenswürdigen Personen zurückge- *Nachwirkungen der NS-Erfahrung* zogen und gesellschaftliche Bewegungen mit deutlicher Skepsis verfolgt. Die ökologische Aufbruchsstimmung der Nachkriegszeit habe sich auch aus diesem Grund vor allem außerhalb der traditionellen Naturschutzkreise manifestiert [351: The Green].

Fragmentierung der Forschung

Aufgrund der erwähnten engen Definition des Forschungsgegenstands steht die Geschichte von Naturschutz und Landschaftspflege weitgehend unverbunden neben den zeitgleichen Bestrebungen in weiteren Themenfeldern, die nach heutigem Verständnis zur Geschichte der Umweltbewegungen gehören. Selbst die Geschichte der sozialdemokratischen Naturfreunde sowie alternativer Verbände und Einzelpersonen verharrt, vielfältigen Kontakten in der praktischen Naturschutzarbeit zum Trotz, in einer merkwürdigen Distanz gegenüber Analysen des konservativen Mainstreams [359: J. ZIMMER, Mit uns; 320: U. LINSE, Ökopax]. Mustergültig spiegelt sich diese historiographisch unbefriedigende Situation in dem von D. KERBS und J. REULECKE herausgegebenen Handbuch der Reformbewegungen in Kaiserreich und Weimarer Republik, das zwar als enzyklopädischer Überblick ein unverzichtbares Hilfsmittel der Forschung darstellt, die wechselseitige Vernetzung der einzelnen Bewegungen jedoch nicht näher analysiert [309: Handbuch].

Weitere umweltbezogene Bewegungen

Dabei liegt zu vielen dieser verwandten Themenfelder inzwischen eine reichhaltige Literatur vor. Das gilt etwa für den Protest gegen den frühen Automobilismus, der in den vergangenen Jahren Gegenstand mehrerer Untersuchungen geworden ist [u. a. 322: C. M. MERKI, Siegeszug; 299: U. FRAUNHOLZ, Motorphobia]. Auch zur Geschichte der Naturheilbewegung und alternativen Medizin liegen inzwischen mehrere Überblicksdarstellungen vor [308: R. JÜTTE, Geschichte; 304: U. HEYLL, Wasser; 331: C. REGIN, Selbsthilfe]. Das bunte Spektrum von Bewegungen, die sich im Kaiserreich unter dem Oberbegriff „Lebensreform" versammelten, verdiente ebenfalls eine intensivere Beachtung [291: K. BUCHHOLZ, Lebensreform; 317: W. R. KRABBE, Gesellschaftsveränderung; 278: E. BARLÖSIUS, Naturgemäße Lebensführung]. In der Geschichte der Naturkundemuseen [316: S. KÖSTERING, Natur], des schulischen Naturkunde- und Biologieunterrichts [348: G. TROMMER, Natur] sowie der Popularisierung der Naturwissenschaften [294: A. DAUM, Wissenschaftspopularisierung] fehlt es ebenfalls nicht an Anknüpfungsmöglichkeiten.

Tier- und Vogelschutz

Weniger dicht ist die Literatur zur Geschichte der Tierschutzbewegung, die gerade für die NS-Zeit noch erhebliche Lücken aufweist [358: M. ZERBEL, Tierschutz]. Zur Geschichte des Vogelschutzes gibt es Beiträge aus institutionengeschichtlicher [A.-K. WÖBSE, Lina Hähnle und der Reichsbund für Vogelschutz, in: 327: J. RADKAU/F. UEKÖTTER, Naturschutz und Nationalsozialismus, 309-328] und kulturanthropologischer Sicht [124: R. JOHLER, Vogelmord]. Ein Thema, das im Zuge des gegenwärtigen Trends einer sich globalisierenden Umweltpolitik an Beachtung zu gewinnen scheint, sind die Ursprünge des internationalen Naturschutzes [356: A.-K. WÖBSE, Schutz]. Allerdings drohen Analysen der internationalen Naturschutzpolitik allzu sehr im luftleeren Raum zu schweben, wenn es zugleich eklatant an vergleichenden und transnationalen Arbeiten zu den Umweltbewegungen vor 1945 mangelt. Wenn man von C. M. MERKIs souveräner Analyse des frühen Automobilismus in Deutschland, Frankreich und der Schweiz absieht [322: Siegeszug], liegen vergleichende Analysen bislang nur in Aufsatzform vor [295: K. DITT, Naturschutz; 326: K. K. PATEL, Neuerfindung; 347: D. TROM, Natur]. Die Internationalisierung der Forschung dürfte insofern das wohl wichtigste Desiderat in diesem Themenfeld darstellen.

_{Internationale Bezüge}

7. Umweltbewegungen nach 1945

Das Ende des Zweiten Weltkriegs markiert in der Geschichte der Umweltbewegungen keine scharfe Zäsur. Neuere Arbeiten, etwa W. OBERKROMES Synthese zur Heimatbewegung in Westfalen, Lippe und Thüringen [325: Deutsche Heimat], haben vielmehr das Moment der Kontinuität vom frühen 20. Jahrhundert bis in die 1960er Jahre scharf herausgearbeitet. Trotzdem lohnt es sich, das Jahr 1945 als Trennlinie zu verwenden, da die Forschung zur Nachkriegszeit andere Akzente setzt. Während das bestimmende Thema der Literatur zur ersten Hälfte des 20. Jahrhunderts die Entstehung und Konsolidierung umweltbezogener Bewegungen sowie deren Entwicklung im NS-Staat ist, steht danach der Übergang zur ökologischen Bewegung der Gegenwart im Zentrum des Interesses. Über das Präzedenzlose des letzteren Prozesses herrscht dabei weitgehend Einigkeit. Zum ersten Mal in der deutschen Geschichte entstand eine größere soziale Bewegung, die ein übergreifendes Interesse für das Mensch-Umwelt-Verhältnis in all seinen Facetten zeigte und sich nicht nur in einer Reihe schlagkräftiger Verbände, sondern auch in der Gründung einer erfolgreichen politischen Partei niederschlug.

Ökologische Revolution als Referenzpunkt

Unstrittig ist zugleich, dass die 1970er Jahre in dieser Entwicklung eine Wasserscheide darstellten. Kontrovers diskutiert wird jedoch, inwiefern die Ereignisse dieses Jahrzehnts eine Vorgeschichte hatten.

Wende oder Übergang um 1970?

Dezidiert hat F. UEKÖTTER betont, dass schon seit den 1950er Jahren in der westdeutschen Bevölkerung ein wachsendes Interesse an Umweltthemen zu erkennen war. Aus dieser Perspektive erscheinen die 1970er Jahre eher als Zeit der Radikalisierung eines schon länger vorhandenen öffentlichen Bewusstseins sowie des Wandels politischer Aktionsformen [349: Naturschutz im Aufbruch]. Für den Fall der Luftreinhaltung konnte UEKÖTTER zudem zeigen, dass die entscheidenden Reformen bereits in den 1950er und frühen 1960er Jahren erfolgten; die von Genscher initiierte Umweltpolitik erschien da vor allem als erfolgreiche symbolische Politik [273: Rauchplage]. Dagegen betonte K. F. HÜNEMÖRDER emphatisch den Zäsurcharakter der Umweltdebatten der frühen 1970er Jahre und der sozialliberalen Umweltpolitik. Erst die Verbindung der dispersen Problemlagen zu „der Umweltproblematik" sowie die Internationalisierung der entsprechenden Debatten habe den Wandel von bloßen „technischen" Problemen zu einem zentralen politischen Brennpunkt bewirkt [305: Frühgeschichte]. UEKÖTTER und HÜNEMÖRDER markieren damit zwei Pole der Diskussion, zwischen denen sich ein inzwischen recht buntes Spektrum von Ansätzen verorten lässt.

Neuerer Boom der Forschung

Es fällt dabei auf, dass die Forschung zur Nachkriegszeit erst spät an Dynamik gewann. Zunächst blieb das Interesse an der Zeitgeschichte der Umweltbewegung insbesondere im Vergleich mit der sehr intensiven Erforschung des 19. Jahrhunderts auffallend schwach, erst in jüngster Zeit entwickelte sich hier ein boomendes Forschungsfeld. Eher auf HÜNEMÖRDERS Linie ist die Habilitationsschrift J. I. ENGELS', in der der Wandel der Verhaltensmuster um 1970 als scharfe Zäsur erscheint: Zu stark war der Kontrast des patriarchalischen Politikmodells des Vereins Naturschutzpark und der gediegenen wissenschaftlichen Expertise des Deutschen Rats für Landespflege gegenüber der gesellschaftlichen Mobilisierung, die sich in den Bürgerinitiativen der 1970er Jahre manifestierte [298: Naturpolitik].

Institutioneller Wandel nach 1945

A. LEH sieht eine Zäsur eher im Generationenwechsel unter den Naturschutzbeauftragten Nordrhein-Westfalens in den frühen 1960er Jahren, der zu einem Professionalisierungsschub der Naturschutzarbeit geführt habe [318: Heimatschutz]. Auch K. RUNGE zeichnet in seiner instruktiven Geschichte der Landschaftsplanung das Bild früher institutioneller Innovationen: Die Planer hätten rasch auf neue Herausforderungen wie Bodenerosion, Landschaftszerstörung und Naherholung reagiert, auch wenn sie ihre Vorschläge nicht immer durchzusetzen vermochten [341: Entwicklungstendenzen]. M. BERGMEIER setzt den Akzent in ihrer Geschichte der bayerischen Umweltpolitik bis 1973 hingegen genau umgekehrt: Das durchaus vorhandene Umweltbewusstsein sei aufgrund einer Politik bewusster Verhinderung grundlegender ökologischer Reformen weitgehend folgenlos geblieben [283: Umweltgeschichte]. Bislang fehlt eine Monographie, die diese Ansätze zu einem einheitlichen Gesamtbild vereinigt.

Als theoretische Einordnung, die über ökologische Themen hinausgreift, formulierte R. INGLEHART schon in den frühen 1970er Jahren die vieldiskutierte These eines säkularen Wertewandels in westlichen Nachkriegsgesellschaften [306: Silent Revolution]. Nach INGLEHART gewannen nach 1945 immaterielle oder „postmaterielle" Wertvorstellungen ein Übergewicht gegenüber klassischen materiellen Interessen mit der Folge grundlegender Veränderungen der politischen Agenda. Dabei lohnt es sich, zwischen einer INGLEHART-These im engeren und weiteren Sinne zu unterscheiden. Die grundsätzliche Einschätzung INGLEHARTs, dass Menschen zunächst auf die Befriedigung basaler Bedürfnisse abzielen und nichtmaterielle Interessen insofern zunächst zurückstehen müssen, erscheint weder spektakulär noch sonderlich kontrovers. Es besteht wohl Einmütigkeit darüber, dass der nach 1945 einsetzende Wirtschaftsboom, der Durchbruch zur modernen Konsumgesellschaft und die außenpolitische Stabilität im Nachkriegseuropa als notwendige, aber womöglich nicht hinreichende Gründe für die Entstehung der modernen ökologischen Bewegung anzusehen ist. Die INGLEHART-These im engeren Sinne ist darüber hinaus der Vorstellung einer strikten Dichotomie materieller und postmaterieller Werte verhaftet und geht zudem von einer Generationalität der normativen Orientierung aus: Die in Jugend und Adoleszenz formierte Werteprogrammierung bleibt INGLEHART zufolge für den Rest des Lebens weitgehend konstant. Dieses rigidere Konzept hat in der Zwischenzeit vielfältige Kritik auf sich gezogen bis hin zu Äußerungen, es handele sich um ein methodisches „Prokrustesbett" [310: M. KLEIN, Platz].

Postmaterieller Wertewandel

INGLEHART-These im engeren und weiteren Sinne

Die INGLEHART-These ließ sich auch als Aufforderung zu einem breiten thematischen Zugriff verstehen. In der historischen Forschung hat sich hingegen überwiegend jene enge Fokussierung auf einen harten Kern von Verbänden und Initiativen fortgesetzt, die schon im vorigen Kapitel für die Zeit bis 1945 konstatiert wurde. Bislang gibt es in Deutschland lediglich Ansätze einer Kulturgeschichte der deutschen Umweltbewegung [302: A. GOODBODY, Culture; 324: H. NEHRING, Cold War]; amerikanische Studien wie A. M. WINKLERS Kulturgeschichte des Atomzeitalters [355: Life] blieben bislang ohne Äquivalent im deutschsprachigen Raum. Die Geschichte der modernen Umweltbewegung steht oft recht unvermittelt neben dem Durchbruch des Massenkonsums nach 1945; das Verhältnis des rapide steigenden Res-

Konsumgeschichte und Umweltbewegung

sourcenverbrauchs, für den A. ANDERSEN und C. PFISTER den Begriff des „1950er Syndroms" prägten [dazu II.4], zum wachsenden Gewicht postmaterieller und ökologischer Wertvorstellungen ist für die bundesdeutsche Umweltbewegung bislang kaum diskutiert worden. Wie wichtig die Wechselbeziehungen zwischen dem Wandel urbaner Lebensmuster und dem Aufstieg der ökologischen Bewegung sein konnten, hat A. ROME in seiner aufschlussreichen Umweltgeschichte des amerikanischen Suburbanisierungsprozesses aufgezeigt [335: Bulldozer]. Eine der wenigen deutschen Arbeiten, die die Brücke vom Wandel der Lebens- und Konsumgewohnheiten zum ökologischen Protest schlagen, ist D. KLENKES Geschichte der bundesdeutschen Verkehrspolitik, die vor allem die weitreichenden Konsequenzen der pro-automobilistischen Weichenstellungen in den langen 1950er Jahren herausarbeitet [313: Verkehrspolitik].

Nachlassendes Interesse um 1980

So sehr die Nachkriegszeit inzwischen ein wachsender Bereich der Forschung ist, so auffallend ist in den vorliegenden Arbeiten zugleich die chronologische Begrenzung. Nach der Mitte der 1970er Jahre dünnt das historiographische Interesse deutlich aus; ein von F.-J. BRÜGGEMEIER und J. I. ENGELS herausgegebener Band, der einen konzisen Überblick über das Spektrum der Forschungen zur Umweltgeschichte der Nachkriegszeit bietet, spiegelt diese Situation treffend wider [290: Natur- und Umweltschutz]. Die Zeit nach 1980 präsentiert sich daher immer noch als eine Domäne der Politik- und Sozialwissenschaften. Die Affinität zum tagespolitischen Kommentar ist in vielen Arbeiten ebenso deutlich zu erkennen wie eine auffallende Kongruenz von Selbstbeschreibungen der Akteure und analytischen Begriffen.

Neue Soziale Bewegungen

Das gilt insbesondere für das Theorem der „neuen sozialen Bewegungen", das sich zunächst als Verlegenheitsbegriff für die neuartigen organisierten Akteure im ökologischen Bereich wie auch in der Frauen- und Friedensbewegung etablierte. Die Definition erfolgte im Wesentlichen ex negativo in Abgrenzung von den „alten" sozialen Bewegungen, insbesondere der Arbeiterbewegung: Die neuen Bewegungen sollten nicht hierarchisch und formal, sondern dezentral, autonom und basisdemokratisch organisiert sein; sie favorisierten anders als die Arbeiterbewegung nicht materielle, sondern post-materielle Themen; sie wiesen sozial heterogene Rekrutierungsmuster auf; sie erhoben keinen Ausschließlichkeitsanspruch gegenüber anderen sozialen Bewegungen, sondern hingen im Gegenteil der Vorstellung eines inneren Zusammenhangs alternativen Protests an und pflegten eine intensive wechselseitige Vernetzung; an die Stelle der politischen Verortung im klassischen Rechts-Links-Schema rückten ein themenzentrierter Pro-

test und die Differenzierung nach Aktionsfeldern. Mehrere Bände belegen den heuristischen Wert des Konzepts [288: K.-W. BRAND u. a., Aufbruch; 287: DERS., Neue soziale Bewegungen; 337: R. ROTH/D. RUCHT, Neue soziale Bewegungen; 338: D. RUCHT, Modernisierung].
Unter dem Eindruck des Booms der neuen sozialen Bewegungen in den 1980er Jahren formulierte J. RASCHKE einen ambitionierten historisch-systematischen Grundriss der sozialen Bewegungen, der auch heute noch Beachtung verdient [328: Soziale Bewegungen]. Allerdings blieb dem Theorem der neuen sozialen Bewegungen eine inhärente Unbestimmtheit erhalten, die durch die seitherige Entwicklung eher noch deutlicher hervortritt. So erscheint der damals von den neuen sozialen Bewegungen erhobene Anspruch, eine „neue" anstelle der „alten Politik" zu formulieren, im Rückblick eher als Ausdruck der zeitgenössischen Aufbruchsstimmung denn als Indiz einer grundsätzlichen Inkompatibilität: Die meisten der neuartigen Verbände erwiesen sich nicht als Konkurrenz, sondern als Ergänzung zum Parteien- und Verbändestaat der Mediengesellschaft. Die neuen sozialen Bewegungen wurden nach und nach zu einem etablierten politischen Akteur, ohne dass dies die Vertreter des Theorems zu signifikanten theoretischen Modifikationen motiviert hätte. Auch die angenommene soziale Heterogenität der neuen sozialen Bewegungen wäre im Rückblick zu überdenken: Vor dem Hintergrund neuerer Forschungen zum ökologischen Engagement sozial benachteiligter und ethnisch marginalisierter Gruppen [etwa 353: S. H. WASHINGTON u. a., Echoes] fällt die Dominanz von Mitgliedern der gebildeten Mittelschichten nur zu deutlich ins Auge. Einiges deutet auf einen schleichenden Abschied vom Theorem der neuen sozialen Bewegung hin. In einem neueren Überblick zum ökologischen Protest in der Bundesrepublik stehen vor allem Prozesse der Verstetigung und Institutionalisierung sowie der Professionalisierung im Zentrum. Allenfalls in der auffallend schwachen Tendenz zur Oligarchisierung innerhalb der Umweltbewegung lässt sich noch ein Erbe der neuen sozialen Bewegungen erkennen [339: D. RUCHT/J. ROOSE, Platzbesetzung]. In jüngster Zeit hat J. I. ENGELS mit dem ursprünglich aus der Frühneuzeitforschung stammenden Ansatz des politischen Verhaltensstils ein Alternativkonzept zur Beschreibung des Wandels von Wahrnehmungsmustern und Handlungsweisen vorgelegt, das zu diskutieren sein wird [298: Naturpolitik]. Neue Perspektiven könnten sich auch aus der zunehmenden europäischen Vernetzung der Umweltbewegungsforschung ergeben [336: C. ROOTES, Environmental Protest].

Eng mit den neuen sozialen Bewegungen und dem Anti-Atom-Protest [dazu II.4] verband sich der Aufstieg der Partei „Die Grünen",

Probleme des Theorems

Geschichte der Grünen

die seit ihrer Gründung 1979 einen festen Platz im deutschen Parteienspektrum erobert hat. Als europaweit erfolgreichste Partei ihrer Art erschien sie sowohl für die Anhänger ökologischer Parteien in anderen Ländern als auch für einige ihrer Analysten als geradezu modellhafter Entwurf einer solchen Partei [332: D. RICHARDSON/C. ROOTES, Green Challenge]. In Anbetracht dieser herausgehobenen Position der Grünen sowie ihrer engen Beziehungen ins akademische Milieu ist die Zahl der wissenschaftlichen Untersuchungen nach wie vor überraschend klein. Zum Teil liegt dies zweifellos an der Tücke des Untersuchungsobjekts, das sich im Laufe seiner Entwicklung weitaus stärker veränderte als andere deutsche Parteien im gleichen Zeitraum. Einige wichtige Studien [z. B. 344: C. SPRETNAK, Die Grünen; 312: H. KLEINERT, Aufstieg] wirkten deshalb schon kurze Zeit nach ihrem Erscheinen eher wie Momentaufnahmen in einem fortlaufenden Häutungsprozess.

Abnehmendes Interesse in der Politikwissenschaft

Auffallend ist, dass das wissenschaftliche Interesse an den Grünen in ihrer Gründungsphase am größten war und mit ihrer Etablierung merklich schrumpfte. So ist die großangelegte Synthese, die J. RASCHKE vor mehr als einem Jahrzehnt vorlegte [329: Die Grünen], nach wie vor unübertroffen. Als essayistischer Abriss, der auch die jüngste Entwicklung erfasst, ist ferner ein Band von M. KLEIN und J. W. FALTER zu erwähnen [311: Weg]. Auch der Eintritt der Grünen in eine Koalition mit der SPD auf Bundesebene initiierte keinen neuen Boom der Forschung. So war es wiederum J. RASCHKE, der nach gut zweijähriger Regierungszeit den immer noch besten Versuch einer Gesamtbetrachtung des rot-grünen Reformprojekts unternahm [330: Zukunft]. Allerdings fällt bei den vorliegenden Arbeiten durchweg eine starke Fokussierung auf die Bundes- und Landesebene ins Auge. Die starke Verankerung der Grünen gerade in der Lokalpolitik und die unterschiedlichen und teils sehr gewundenen Wege, die die Grünen in den Kommunen gingen, bleiben nahezu völlig unbeachtet. Hier werden künftige Arbeiten anzusetzen haben.

Umweltbewegung in der DDR

Die Geschichte der Umweltbewegung in der DDR ist aus einer Reihe von Gründen wesentlich schwieriger zu schreiben als jene des westdeutschen Pendants. Die prinzipielle Illegalität sozialer Bewegungen außerhalb der Strukturen des SED-Staats bedingte eine fragmentierte Umweltszene mit zahlreichen, nur schwach miteinander vernetzten Akteuren und zudem einen empfindlichen Mangel an aussagekräftigen Quellen. Um so wertvoller sind deshalb Bestrebungen von Zeitzeugen, die eigene Arbeit zu dokumentieren und aufzuarbeiten [340: W. RÜDDENKLAU, Störenfried; 277: R. AUSTER/H. BEHRENS, Naturschutz], zumal diese Arbeiten manchmal ein erstaunliches Maß an Selbstkritik zeigen [281: W. BERG, Das Phantom]. Als Materialsammlungen sind auch die Arbeiten des Instituts für Umweltgeschichte und Regionalentwicklung zu empfehlen, die sich neben einzelnen Beiträgen zur Umweltarbeit unter dem Dach der evangelischen Landeskirchen [300: H.-P. GENSICHEN, Umweltengagement] überwiegend auf die offiziell sanktionierten Institutionen wie die Landschaftstage [276: R. AUSTER, Landschaftstage] und die Gesellschaft für Natur und Umwelt im Kulturbund der DDR [279: H. BEHRENS u. a., Wurzeln] konzentrieren. Überblicksdarstellungen zur Umweltbewegung in der DDR sind bislang nur in Aufsatzform verfügbar [296: A. DIX/R. GUDERMANN, Naturschutz; 307: M. E. JONES, Origins; 280: H. BEHRENS, Naturschutz; 346: N. STOLTZFUS, Public Space].

8. Umweltgeschichte der Landwirtschaft

Es ist im Rückblick nicht leicht zu erklären, warum die Landwirtschaft nur zögernd auf die Agenda der umwelthistorischen Forschung gelangte. Mit der von G. HARDIN schon 1968 beschriebenen „Tragödie der Allmende", der Übernutzung des Gemeinbesitzes durch individuelle Nutzungsansprüche, gab es im Prinzip eine provozierende These, an der sich eine Umweltgeschichte der Landwirtschaft hätte abarbeiten können [376: Tragedy]. Tatsächlich wurde die Allmende in der deutschen Agrargeschichte jedoch zumeist nicht als ökologisches, sondern als sozioökonomisches und politisches Konfliktfeld analysiert und HARDINS These wurde zumeist metaphorisch als Grundproblem freier Güter verstanden. Zudem fehlte es in Deutschland an spektakulären Ereignissen, die das historische Interesse hätten stimulieren können. In der amerikanischen Umweltgeschichtsforschung, in der entsprechende Themen von Anfang an einen ungleich höheren Stellenwert genossen, widmete sich eine der ersten Monographien der „Dust Bowl" der 1930er Jahre [395: D. WORSTER, Dust Bowl].

Zögerliches Forscherinteresse

Als erster Beitrag zur Umweltgeschichte der Landwirtschaft in Deutschland kann die Berliner Dissertation R. GUDERMANNS gelten. Im Mittelpunkt dieser Arbeit stehen die Meliorationen in Westfalen und Brandenburg im 19. Jahrhundert, die als zentrale Voraussetzungen für eine Intensivierung der Agrarproduktion galten. GUDERMANN arbeitet die Schlüsselrolle der staatlichen Agrarbürokratie heraus, die Be- und Entwässerungsprojekte energisch vorantrieb und mit der zwangsweisen Vereinigung der betroffenen Landwirte in Meliorati-

Pionierstudie R. GUDERMANNS

onsgenossenschaften, die als Träger der Projekte fungierten, zugleich auf die Zerstörung der traditionellen Markengenossenschaften abzielte. Dabei erwiesen sich die ökonomischen Vorzüge gegenüber der traditionellen extensiven Nutzung in vielen Fällen als keineswegs eindeutig, viele Projekte wurden erst durch die verstärkte Nutzung des Kunstdüngers gegen Ende des 19. Jahrhunderts profitabel. Zudem kann GUDERMANN zeigen, dass die Projekte eine Vielzahl unintendierter Nebenfolgen generierten, die nicht selten Nachbesserungen und Anschlussprojekte erforderlich machten. Das Expertenwissen der Planer war offenkundig noch sehr lückenhaft und der Eigendynamik der Natur nur sehr begrenzt gewachsen; dem Erfahrungswissen der Landwirte, die auch zahlreiche Meliorationsprojekte in Eigenregie durchführten, war es anscheinend nicht grundsätzlich überlegen. Erfolgreich waren laut GUDERMANN vor allem die kleineren Projekte, wo die Konsequenzen in einem überschaubaren Rahmen blieben und die Landwirte im Bedarfsfall selbst gegensteuern konnten. Zugleich verweist die Studie auf die ökologischen Konsequenzen: Die Kultivierung der Moore und Heiden hatte wesentlichen Anteil am Rückgang der Biodiversität in Deutschland seit 1800 [374: R. GUDERMANN, Morastwelt].

Leitvorstellungen von Funktionseliten

GUDERMANNS Pionierstudie war für die Umweltgeschichte der Landwirtschaft in zweifacher Beziehung wegweisend. Zum einen arbeitete sie die Schlüsselrolle der agrarischen Funktionseliten für die landwirtschaftliche Entwicklung heraus und richtete den Blick auf die Planungsutopien, die deren Arbeit zugrunde lagen. Eine Fortsetzung fand dieser Ansatz insbesondere durch A. DIX, dessen Habilitationsschrift die siedlungs- und landschaftsplanerischen Vorstellungen hinter der ostdeutschen Bodenreform nach 1945 analysiert. Die Leitvorstellung einer kleinbäuerlichen Agrarstruktur stand dabei in planerischen Traditionen, die von der NS-Zeit bis in die frühe DDR reichten; zugleich geht DIX der sehr erheblichen Diskrepanz zwischen den planerischen Idealen und dem tatsächlich Erreichten nach [371: „Freies Land"]. Weitere Arbeiten zu den Leitideen der agrarischen Funktionseliten erscheinen als wesentliches Desiderat. Vor allem die Umweltgeschichte der Flurbereinigung als der ökologisch wohl folgenreichsten Agrarstrukturmaßnahme der Neuzeit ist noch zu weiten Teilen ungeschrieben. Erste Perspektiven offerieren die Beiträge von W. OBERKROME und P. WALTER in einem Tagungsband, der einen inzwischen etwas veralteten Überblick über die Ansätze zur Umweltgeschichte der Landwirtschaft im deutschsprachigen Raum bietet [370: K. DITT u. a., Agrarmodernisierung].

Umweltgeschichte der Flurbereinigung

8. Umweltgeschichte der Landwirtschaft

Das Expertensystem des ökologischen Landbaus entwickelte sich in Deutschland in betonter Distanz zur konventionellen Landwirtschaft, eine Trennung, die auch historiographisch eher reproduziert als hinterfragt wurde. Als Überblick zur Geschichte des Ökolandbaus im deutschsprachigen Raum ist die Dissertation G. VOGTs zu empfehlen [393: Entstehung], Traditionen des alternativen Landbaus in den USA analysieren mit ähnlich positivem Grundtenor R. S. BEEMAN und J. A. PRITCHARD [362: A Green and Permanent Land]. Als Modell einer kritischeren, gleichwohl nicht ohne Sympathie geschriebenen Synthese sei auf J. GUTHMANs Studie zum Ökolandbau in Kalifornien verwiesen, die auch sensible Themen wie die Lage der Landarbeiter nicht ausspart [375: Agrarian Dreams].

Geschichte des Ökolandbaus

Eine zweite in GUDERMANNs Arbeit angelegte Entwicklungsmöglichkeit liegt in einer Erweiterung des agrarhistorischen Blicks. Eine Umweltgeschichte der Landwirtschaft kann mit dem Wasser und dem Boden ökologische Grundlagen der landwirtschaftlichen Produktion in den Blick nehmen, die die konventionelle Agrargeschichte allzu leichtfertig als selbstverständliche und mithin unspektakuläre Rahmenbedingungen der Agrarproduktion rubriziert hat. Die Schlüsselrolle des Wassers ist vor allem in ariden Regionen augenfällig, wo künstliche Bewässerung eine unverzichtbare Voraussetzung für agrarische Intensivproduktion darstellt. Vor allem die Agrargeschichte des amerikanischen Westens hat dazu eine Reihe anregender, methodisch wegweisender Studien hervorgebracht [u. a. 372: M. FIEGE, Irrigated Eden]. Als provozierender, aber zugleich hochgradig kontroverser Beitrag zur politischen Ökonomie der Bewässerungswirtschaft verdient K. A. WITTFOGELs Analyse des despotischen Potentials hydraulischer Gesellschaften Beachtung [394: Die orientalische Despotie]. Die Umweltgeschichte des landwirtschaftlich genutzten Bodens hat hingegen erst in jüngster Zeit vermehrtes Interesse provoziert [392: C. B. VALENČIUS, Health; 390: S. STOLL, Larding; 383: J. R. MCNEILL/V. WINIWARTER, Soils]. Vorarbeiten wie eine populär geschriebene Weltgeschichte des agrarischen Bodens [389: J. SEYMOUR/H. GIRARDET, Fern] und ein methodisch innovativer Band zur britischen Agrarlandschaftsgeschichte [373: S. FOSTER/T. C. SMOUT, History] waren in der umwelthistorischen Forschung zunächst weitgehend unbeachtet geblieben.

Wasser als prekäre Ressource

Umweltgeschichte des landwirtschaftlichen Bodens

Eine dritte Entwicklungsrichtung der Umweltgeschichte der Landwirtschaft betont die Eigenlogiken von Pflanzen und Tieren und stellt nicht Maschinen oder Produktionsprozesse, sondern einzelne Arten ins Zentrum der Analyse. Oft gehen solche Darstellungen von den alterierten Agrarprodukten der Gegenwart aus und umreißen den Pro-

Eigenlogiken der Tiere und Pflanzen

zess der menschlichen Akkommodation und Manipulation. Dies gilt etwa für J. RIFKINS Weltgeschichte der Rinder [385: Imperium] und S. BÖGES auf Deutschland fokussierte Analyse der Entwicklung des Obstanbaus [364: Äpfel]. Auch S. W. MINTZS Ausführungen zum Zuckerrohranbau im Rahmen seiner breiter angelegten Kulturgeschichte des Zuckers lassen sich als Beitrag zu dieser Forschungsrichtung verorten [384: Macht]. Darüber hinaus gibt es eine größere Zahl von Studien über einzelne Tierarten, die häufig weniger problemorientiert als narrativ und enzyklopädisch-breit angelegt sind [z. B. 367: L. W. CARLSON, Cattle; 381: M. KURLANSKY, Kabeljau; 366: R. W. BULLIET, Camel; 378: T. HORN, Bees].

„Evolutionary History"

Als theoretische Grundlegung dieser Forschungen formulierte E. RUSSELL kürzlich das Konzept einer „evolutionary history", das die hinter diesen Arbeiten stehende Reorientierung des historiographischen Blicks expliziert. Zentrales Thema der „evolutionary history" ist die Beeinflussung der evolutionären Entwicklung einzelner Arten durch den Menschen, wobei nicht nur gezielte Manipulation durch Tier- und Pflanzenzüchtung, sondern auch unintendierte Beeinflussungen etwa durch Überfischung Beachtung finden sollen [387: Evolutionary History]. Das Potential dieser „evolutionary history" demonstriert ein von S. R. SCHREPFER und P. SCRANTON herausgegebener Aufsatzband, dessen Themenpalette von Gartenbau und Saatgutforschung bis zur militärischen Pferdezucht und der industrialisierten Schweinehaltung reicht. B. ORLANDS Beitrag analysiert den Züchtungs- und Konstruktionsprozess, der zur systematischen Erfassung und Standardisierung der „Schweizer Milchkühe" im 19. Jahrhundert führte, S. PEMBERTON diskutiert die gezielte Züchtung hämophiler Hunde als Modellpatienten für die Behandlung der Bluterkrankheit und R. HOROWITZ beschreibt den radikalen Wandel der Geflügelproduktion im Nachkriegsamerika [388: S. R. SCHREPFER/P. SCRANTON, Industrializing Organisms].

Transfer von Tier- und Pflanzenarten

Die Eigenlogiken von Tieren und Pflanzen gewinnen historisch vor allem dort an Profil, wo diese noch nicht fest in die Alltagsroutinen einer Gesellschaft integriert sind. Einige der besten Studien dieser Forschungsrichtung konzentrieren sich deshalb auf den Transfer von Tier- und Pflanzenarten in neuartige Umwelten. Erwähnt seien J. C. MCCANNS Beschreibung der Einführung und Veränderung der Maispflanze und ihres Gebrauchs in Afrika [382: Maize] und J. A. CARNEYS Analyse der afrikanischen Ursprünge des amerikanischen Reisanbaus, die nachweist, dass mit den Sklaven auch ein indigenes Wissenssystem über den Atlantik wanderte [368: Black Rice]. Beachtung verdient

8. Umweltgeschichte der Landwirtschaft

auch V. D. ANDERSONs Darstellung der kolonialen Viehwirtschaft in Nordamerika, die im Eigensinn der Nutztiere eine wesentliche Ursache für die Auseinandersetzungen zwischen Kolonisten und Indianern sieht. Da die Kolonisten europäische Praktiken der Viehhaltung auf den neuen Kontinent übertrugen, ohne jedoch über die nötigen Ressourcen für die Einhegung der Tiere zu verfügen, wurden entflohene Tiere zu einem notorischen Konfliktherd, der durch unterschiedliche Eigentumsvorstellungen noch zusätzlich angeheizt wurde; zudem beanspruchte die extensive Viehhaltung weit mehr Land als von den Kolonisten intendiert [360: Creatures]. Eine umfassende Analyse des globalen Tier- und Pflanzentransfers zwischen 900 und 1900 versuchte A. W. CROSBY schon vor einiger Zeit [369: Ecological Imperialism], wobei seine These einer regelmäßigen Privilegierung westlicher Eroberer durch solche Transfers allerdings lebhaften Widerspruch gefunden hat [363: W. BEINART/K. MIDDLETON, Plant Transfers] und zumindest in dieser allgemeinen Form wohl als widerlegt gelten darf. Das heuristische Potential solcher Transferstudien liegt in der europäischen Agrar- und Umweltgeschichtsforschung bislang weitgehend brach, obwohl es an geeigneten Themen keineswegs mangelt. Eine Analyse der Expansion des Maisanbaus in Mitteleuropa könnte beispielsweise erhellende Schlaglichter auf den Aufstieg der modernen Intensivlandwirtschaft werfen.

Schließlich gehören zur Umweltgeschichte der Landwirtschaft auch einige Arbeiten, die methodisch am ehesten den klassischen Ansätzen der Verschmutzungsgeschichte verhaftet sind und die Landwirtschaft vor allem als Verursacher negativer externer Effekte in den Blick nehmen. Dazu gehören neben einem Überblicksartikel A. BAUERKÄMPERS [361: Ende] vor allem die bemerkenswert zahlreichen Arbeiten zur Geschichte der Pestizide, wobei die Sensibilisierung durch Rachel Carson zweifellos eine Schlüsselrolle spielt [u. a. 365: J. BÜSCHENFELD, Ausbildung; 391: L. STRAUMANN, Nützliche Schädlinge; 379: S. JANSEN, „Schädlinge"]. Bemerkenswert ist hier insbesondere eine Studie E. RUSSELLs, die den vielfältigen Wechselbeziehungen zwischen agrarisch-chemischen und militärischen Forschungen und Nutzungen in den Vereinigten Staaten nachgeht [386: War]. Insgesamt präsentiert sich die Umweltgeschichte der Landwirtschaft jedoch als ein noch stark in der Entwicklung befindliches Forschungsfeld, das auch von einer stärkeren Vernetzung mit gegenwärtigen Bemühungen um eine Ökologisierung der Landwirtschaft profitieren könnte. Ein mutiges, von U. KLUGE unter dem Eindruck der BSE-Krise verfasstes Buch könnte in dieser Beziehung wegweisend sein [380: Ökowende].

Landwirtschaft als Umweltverschmutzer

9. Natur als Gefahr und Risiko

Die Beschäftigung mit extremen Naturereignissen ist das jüngste der hier vorzustellenden Forschungsfelder der Umweltgeschichte. In vermutlich doch eher zufälliger Koinzidenz mit der Jahrtausendwende verdichteten sich vorherige Arbeiten zu einem boomenden Themenfeld, dessen Entwicklung noch zu erheblichen Teilen im Fluss ist; die vor kurzem erfolgte Einrichtung eines DFG-finanzierten Nachwuchsnetzwerks „Historische Erforschung von Katastrophen in kulturvergleichender Perspektive" spiegelt dies treffend wider. Charakteristisch ist dabei ein weit ausgreifender Fragenhorizont: Die Forschungen reichen chronologisch von der Antike bis in die Gegenwart, geographisch überschreiten sie erstaunlich leichtfüßig nationalstaatliche Grenzen und beziehen auch Ereignisse der außereuropäischen Geschichte ein. Methodisch präsentiert sich das Forschungsfeld ebenfalls als überaus agil. Die 1981 von A. Borst formulierte These, es widerstrebe „dem modernen europäischen Selbstgefühl", Naturkatastrophen „als dauernde Erfahrung der Gesellschaft und der Geschichte anzunehmen" [398: Erdbeben, 532], gilt inzwischen nur noch mit Einschränkungen.

Frühe Vorarbeiten — Der gegenwärtige Boom kann auf Vorarbeiten zurückgreifen, die das Thema aus unterschiedlichen Blickwinkeln betrachten. Dazu zählt neben Borsts Pionierstudie über das Erdbeben von 1348 vor allem M. Jakubowski-Tiessens Untersuchung der verheerenden Sturmflut, die die Nordseeküste an Weihnachten 1717 heimsuchte. Die Arbeit nimmt von den Menschenverlusten über die materiellen Schäden und die zeitgenössischen Erklärungsversuche bis hin zu den langfristigen Folgen ein breites Spektrum von Themen in den Blick und bietet insofern eine umfassende Katastrophenanalyse von geradezu modellhaftem Charakter [407: Sturmflut]. Eine zweite intensiv erforschte Naturkatastrophe ist das Erdbeben, das am 1. November 1755 weite Teile Nordwestafrikas und der iberischen Halbinsel erschütterte und dank einer intensiven zeitgenössischen Rezeption als „Erdbeben von Lissabon" zur Metapher einer plötzlichen, Schrecken verbreitenden Umwälzung und Zerstörung menschlicher Ordnungen durch die Gewalt der Natur wurde [dazu zuletzt 400: C. Eifert, Erdbeben]. Einen ausführlichen Überblick über die neuere Forschungsentwicklung liefert ein Aufsatz U. Lübkens [413: Alltag], als Materialsammlungen verdienen ferner die Arbeiten von J. Nussbaumer [416: Gewalt] und D. Meier [415: Land unter] Beachtung.

Klimageschichte — Als Vorarbeiten zur Geschichte der Naturkatastrophen können weiterhin klimahistorische Studien gelten. Der kausale Zusammen-

9. Natur als Gefahr und Risiko

hang von Klimafaktoren und Naturkatastrophen ist zwar in der Vergangenheit nicht einfacher zu bestimmen als in der Gegenwart, in beiden Fällen präsentiert sich jedoch das Wetter als zentraler Akteur; überdies gibt es eine personelle Verbindung durch die Prominenz des Schweizer Umwelthistorikers C. PFISTER in beiden Themenfeldern. Schon in den 1980er Jahren legte PFISTER eine Klimageschichte der Schweiz von 1525 bis 1860 vor [419: Klima], die er später in einer zweiten Arbeit fortsetzte, die neben der klimatischen Entwicklung auch meteorologische Anomalien erfasste und damit Grunddaten für die Geschichte katastrophaler Naturereignisse zusammentrug [420: DERS., Wetternachhersage]. Als klimahistorische Überblicksdarstellungen sind weiterhin R. GLASERs Klimageschichte Mitteleuropas [404: Klimageschichte] sowie eine Monographie E. LE ROY LADURIEs aus dem Jahr 1967 zu erwähnen, deren Mahnung zur Vorsicht bei der Korrelation der Klimaentwicklung mit historischen Ereignissen sich wohltuend von klimadeterministischen Tendenzen in späteren Arbeiten abhebt [411: Histoire], von ihm allerdings jüngst wieder etwas zurückgenommen wurde [412: DERS., Histoire humaine]. Als autoritative Synthese der modernen naturwissenschaftlichen Klimaforschung, die zumeist nicht mit historischen Quellen arbeitet, aber durchaus historische Aussagen formuliert, sind die Berichte des Intergovernmental Panel on Climate Change (IPCC) unter dem Dach der Vereinten Nationen zu empfehlen [www.ipcc.ch]. Hinzuweisen ist schließlich auf einen materialreichen Forschungsüberblick C. PFISTERs, der auch die Möglichkeiten und Grenzen der Historischen Klimatologie diskutiert [421: Klimawandel].

Es spiegelt den noch in der Entwicklung befindlichen Zustand des Forschungsfeldes, dass die neuesten Arbeiten zumeist in Aufsatzform vorliegen. In den vergangenen Jahren erschienen nicht weniger als vier Sammelbände [405: D. GROH u. a., Naturkatastrophen; 423: C. PFISTER/ S. SUMMERMATTER, Katastrophen; 402: F. M. EYBL u. a., Elementare Gewalt; 406: S. M. HOFFMAN/A. OLIVER-SMITH, Catastrophe] sowie Sonderhefte der Zeitschriften *Traverse* [403: M. GISLER u. a., Naturkatastrophen], *Environment & History* [410: M. KEMPE/C. ROHR, Coping] und des *Hydrological Sciences Journal* [399: R. BRÁZDIL/Z. W. KUNDZEWICZ, Historical Hydrology]. Hinzu kommen zwei Aufsatzbände zu Katastrophen in Städten, wo die Unterscheidung zwischen technischen und Naturkatastrophen in vielen Fällen nur bedingt möglich ist [414: G. MASSARD-GUILBAUD u. a., Cities; 424: A. RANFT/S. SELZER, Städte]. Insgesamt vermitteln diese Bände einen Eindruck von der Vielfalt der laufenden Arbeiten.

Aufsatzsammlungen

In Ermangelung eines hegemonialen theoretischen Konzepts ist die weitere Entwicklung des Forschungsfeldes nur sehr beschränkt vorauszuahnen. Eine mögliche Entwicklungsrichtung besteht in der Analyse spezifisch regionaler oder nationaler Stile des Umgangs mit katastrophalen Ereignissen. Ein Beispiel für eine solche Analyse lieferte G. BANKOFF mit seiner Untersuchung der „Katastrophenkultur" der Philippinen: Da die Inselgruppe in besonderem Maße Naturgefahren wie Erdbeben, Vulkanausbrüchen, Überflutungen und Taifunen ausgesetzt war, habe die philippinische Gesellschaft spezifische Formen des Umgangs mit solchen Ereignissen entwickelt und in ihre Alltagskultur integriert. Den westlichen Katastrophendiskurs, der Naturkatastrophen als singuläre Ausnahmeereignisse kategorisiert, betrachtet BANKOFF deshalb vor allem als Störung und intellektuelle Okkupation im Sinne Edward Saids [396: Cultures of Disaster]. BANKOFFs Analyse trifft sich in dieser Stoßrichtung mit neueren anthropologischen Arbeiten, in deren Zentrum die Frage nach der so genannten Vulnerabilität einer Gesellschaft steht, der relativen, durch gesellschaftliche Strukturen und Prozesse konstituierten Anfälligkeit einer Gesellschaft für außergewöhnliche Naturereignisse [406: S. M. HOFFMAN/A. OLIVER-SMITH, Catastrophe]. Ein pointierter Ausdruck dieser Interpretationslinie ist ein Aufsatz A. OLIVER-SMITHs, der die schreckliche Bilanz eines Erdbebens, das 1970 in Peru etwa 70 000 Menschenleben forderte, auf die Marginalisierung lokaler Präventions- und Bewältigungspraktiken zurückführt [417: Five-Hundred-Year Earthquake]. Eine ganz andere Katastrophenkultur beschreibt ein von C. PFISTER herausgegebener Band über Naturkatastrophen in der Schweiz, der den institutionellen Lernprozess in einem Land analysiert, welches durch die Alpen in besonderem Maße Naturgefahren ausgesetzt ist. Das 19. Jahrhundert erscheint hier als Zeit der Verstaatlichung und Konsolidierung der Katastrophenhilfe in gesamtschweizerischen parastaatlichen Organisationen, die nicht nur bei der Bewältigung katastrophaler Ereignisse halfen, sondern auch einen Beitrag zum schweizerischen „nation-building" leisteten. PFISTER interpretiert die kollektive Bewältigung von Naturkatastrophen in der Schweiz als funktionales Äquivalent zu Kriegsereignissen, die in anderen Ländern die nationale Mobilisierung vorantrieben [422: Tag].

Eine zweite Entwicklungsmöglichkeit besteht in einer intensiveren Rezeption der neueren Risikosoziologie, die mit der Unterscheidung von Gefahr und Risiko zwei idealtypische Modelle des gesellschaftlichen Umgangs mit Unsicherheit formuliert hat. Während Gefahr in dieser Typologie diffuse und unheimliche Gefährdungen beschreibt, die von Menschen als letztlich unbeeinflussbar hingenommen werden, hebt die Wahrnehmung als Risiko diese Unsicherheiten aus dem Schattenbereich der Gefahr hervor, macht sie durch gesellschaftliche Diskurse thematisierbar und benennbar, abgrenzbar und letztlich abwägbar; anders als Gefahr eröffnet die Wahrnehmung als Risiko Möglichkeiten abwägend-reflektierter Reaktion und Vorsorge [401: A. EVERS/H. NOWOTNY, Umgang]. Die Risikosoziologie richtet somit den Blick auf Institutionen des Katastrophenmanagements und deren Funktionsweisen und tatsächlich ist absehbar, dass neben den bereits vorliegenden Arbeiten zur staatlichen Katastrophenvorsorge auch die Untersuchungen zu Versicherungssystemen und deren Verfahren der Risikokalkulation an Bedeutung gewinnen werden. Zudem rückt die Risikosoziologie die Prozesse der Transformation von Gefahren in Risiken ins Zentrum der Analyse. Die Frage, ob die verschiedenen religiösen Deutungsmuster einschneidender Ereignisse eher dem Wahrnehmungsmuster als Gefahr oder als Risiko entsprechen, könnte sich als analytisch lohnend erweisen.

Eine dritte mögliche Entwicklungsrichtung der historischen Katastrophenforschung könnte in einer genaueren Untersuchung der komplexen Gemengelage der humanen und ökologischen Faktoren bestehen, die ein Naturereignis zu einer Natur*katastrophe* machen. Bislang fehlt eine Arbeit, die zur theoretischen Klärung dieses Themas ein übergreifendes Analyseraster formuliert, wie dies C. PERROW für die inhärenten Risiken der Großtechnik geleistet hat [418: Normale Katastrophen]. Ein erster Beitrag in dieser Richtung ist T. STEINBERGs Geschichte der Naturkatastrophen in den USA, die die Klassifizierung von Naturkatastrophen als der menschlichen Kontrolle entzogene, „natürliche" Ereignisse als Ausdruck gesellschaftlicher Machtbeziehungen interpretiert [426: Acts]. Mit seiner systematischen Berücksichtigung von Dimensionen sozialer Ungleichheit betont STEINBERG zudem einen Aspekt, der in anderen Arbeiten zur Geschichte der Naturkatastrophen seltsam unterbelichtet bleibt.

Natürliche oder menschliche Katastrophen?

Insgesamt sind die Zeichen unverkennbar, dass sich hier derzeit ein Themenfeld, das zunächst allzu sehr von der inhärenten Gruseligkeit der Materie zu leben schien, in eine ambitionierte Forschungsrichtung verwandelt, die das im Moment wohl lebendigste methodische Experimentierfeld im Bereich der Umweltgeschichte darstellt. So zeigt sich hier einmal mehr jene bemerkenswerte Fähigkeit der umwelthistorischen Forschung, sich immer wieder neu zu erfinden. Ähnlich wie sich die moderne Umweltbewegung durch ihre enorme Wandlungsfähigkeit auszeichnet, so trägt auch die Forschungsentwicklung der Umweltgeschichte Züge einer „permanenten Revolution". Und so ist es am Ende dieses Bandes ein ebenso schwieriges wie unverzichtbares Unterfangen, die Frage nach der inneren Einheit der Umweltgeschichte zu stellen.

10. Methodische Fragen und die Einheit der Umweltgeschichte

"Selbstfindungsprozess" der Umweltgeschichte

Das vielleicht markanteste Merkmal der deutschen Umweltgeschichtsforschung ist ihre enorme Dynamik. Nichts wäre falscher, als im Rückblick eine lineare Forschungsentwicklung zu suggerieren, in der sich die einzelnen Beiträge wie Bausteine zu einer Kathedrale formierten, die nunmehr zur Besichtigung freigegeben wird. Tatsächlich entwickelte sich die deutsche Umweltgeschichte in mehreren sukzessiven Häutungen, die nicht selten mit teils heftigen Kontroversen verbunden waren, und die wechselseitige Kritik blieb, gelegentlichen polemischen Obertönen zum Trotz, ein wesentlicher Motor des Forschungsprozesses. Vielleicht war der lange Zeit niedrige Institutionalisierungsgrad in mancher Beziehung sogar ein Vorteil: Bis heute ist die deutsche Umweltgeschichte kaum von rivalisierenden „Schulen" geprägt, statt dessen blieb eine Offenheit auch gegenüber Außenseitern erhalten, denen die Forschung immer wieder überraschende Impulse verdankte. M. TOYKA-SEID sprach in einem Überblicksartikel von einem „produktiven Selbstfindungsprozess der Umweltgeschichte" [105: Mensch], eine Formulierung, die noch treffender ist, als er womöglich ahnte: Zu einem Selbstfindungsprozess gehört schließlich nicht nur die Offenheit für neue Perspektiven, sondern auch die Einsicht in Sackgassen und frühere Fehlurteile – und das Wissen, dass sich so mancher vermeintliche Irrtum später als produktiver Umweg entpuppte. Was immer man rückblickend über die Forschungsentwicklung sagen will: Langweilig war sie eigentlich nie.

Umweltgeschichte in der Erweiterung

Zugleich hat diese Dynamik aber auch zu dem seltsam amorphen Charakter des Forschungsfeldes beigetragen, der sich auch im vorliegenden Forschungsüberblick nachdrücklich spiegelt. Im Vergleich mit anderen Subdisziplinen der Geschichtswissenschaft kennzeichnet die Umweltgeschichte eine besondere thematische und methodische Heterogenität. Zugleich besteht wenig Grund zu der Erwartung, dass sich diese Vielfalt in absehbarer Zeit auf einige Kernthemen reduzieren wird. Im Gegenteil: Vieles deutet darauf hin, dass der Prozess der thematischen und methodischen Erweiterung, der die umwelthistorische

Forschung seit Mitte der 1990er Jahre international prägt, sich auch in Zukunft fortsetzen wird. Die Frage nach der inneren Einheit der Umweltgeschichte hat die Forscher seit ihren Anfängen beschäftigt, ohne dass es zu irgendeinem Zeitpunkt eine konsensuelle Antwort gegeben hätte. Immerhin wird die Frage inzwischen nicht mehr ganz so verbissen gestellt wie in der frühen umwelthistorischen Forschung: D. R. WEINER bezeichnete den eigenen Definitionsvorschlag jüngst augenzwinkernd als „todesmutigen Versuch" [436: Attempt] und der australische Geograph J. M. POWELL prägte das Bonmot, Umweltgeschichte sei „wie Belgien": Sie beruhe „ausschließlich auf einer kollektiven Vorstellung der Beteiligten" [432: POWELL, Historical Geography, S. 253].

Vor allem in der Frühzeit der deutschen Umweltgeschichtsforschung gab es mehrere Versuche, die ersehnte Integration des Forschungsfeldes durch übergreifende metatheoretische Konzepte zu erreichen. Erwähnt seien etwa P. LEIDINGERs Postulat einer „Historischen Ökologie" [430: Umwelterziehung], R. P. SIEFERLEs Plädoyer für einen universalgeschichtlich-ökologischen Ansatz, der das sozial-kulturelle und das natürlich-ökologische System als ein interagierendes Meta-System betrachtet [434: Grenzen], sowie die eingangs diskutierten Entwürfe einer biozentrischen Umweltgeschichte [I.1]. Die Forschungsentwicklung ist über solche Postulate weitgehend unbeeindruckt hinweggegangen. Die Vielzahl der erforschten Themen erforderte nahezu zwingend ein ähnlich breites Spektrum von Methoden und die in den vergangenen Jahren bekanntermaßen sehr lebhafte Methodendebatte in der allgemeinen Geschichtswissenschaft enthielt in dieser Beziehung ein reichhaltiges Angebot. Im Rückblick zeigt sich überdies nachdrücklich, dass die entscheidenden Anstöße für die umwelthistorische Forschung aus der empirischen Arbeit kamen. Immer wieder sahen sich Forscher bei der Recherche in Archiven und Bibliotheken mit einem unerwartet reichhaltigen Quellenfundus konfrontiert, der Einblicke in vergessene und manchmal auch verdrängte Vorgänge und Debatten eröffnete. Die Chancen auf ähnliche Entdeckungen dürften in der Umweltgeschichte nach wie vor größer sein als in manchen anderen Subdisziplinen der Geschichtswissenschaft: Die Zahl der Archivbestände, die noch nie von Umwelthistorikern gesichtet wurden, ist wohl immer noch enorm. Ein explorativ angelegter Führer zu umwelthistorisch relevanten Quellen ist eines der größeren Desiderate der Forschung.

Zugleich ist im Laufe der umwelthistorischen Forschungsentwicklung auch deutlich geworden, dass die historiographische Beschäftigung mit der natürlichen Umwelt nicht erst in der jüngsten Vergangen-

Überholte Metatheorien

heit begann. Im Gegenteil: Es zeigte sich, dass es schon lange vor dem Entstehen der modernen Umweltgeschichtsforschung eine zwar disperse, aber durchaus umfangreiche Tradition der historischen Forschung zu Umweltaspekten gegeben hatte. Bislang fehlt eine umfassende Analyse dieser „Umweltgeschichte vor der Umweltgeschichte" und es ist ein Stück weit eine Frage des persönlichen Geschmacks, welche dieser Arbeiten auch heute noch als inspirierende Lektüre einzuschätzen sind; ohne jeden Anspruch auf Vollständigkeit seien an dieser Stelle W. FLEMMINGs Synthese zur Entwicklung des deutschen Naturgefühls in der Frühen Neuzeit [119: Wandel], L. MUMFORDs technikhistorische Pionierarbeiten [62: Technics; 63: Mythos] sowie der von W. L. THOMAS herausgegebene Sammelband einer Tagung von 1955 genannt, der einen geradezu mustergültigen Überblick über das zeitgenössische intellektuelle Spektrum bietet [81: Man's Role]. Mit Blick auf die hiesige Leitfrage nach der Einheit der Umweltgeschichte können diese Studien zudem als nachdrücklicher Beleg gelten, dass das historiographische Interesse an der Beziehung von Mensch und Natur nicht nur eine womöglich transitorische Modeerscheinung ist, sondern mit der Vereinigung von menschlicher und natürlicher Geschichte einen alten Historikertraum erfüllt.

So wurde dann doch ein allgemeiner Urgrund der umwelthistorischen Forschung erkennbar: die Einsicht, dass der Mensch im Laufe seiner Geschichte eine Fülle intendierter und unintendierter Veränderungen der natürlichen Umwelt bewirkte, zugleich aber an natürliche Prozesse gebunden blieb. Diese dialektische Spannung von Beherrschung der Natur und Abhängigkeit von der Natur wurde in der Einleitung bereits erwähnt und sie lässt sich vor dem Hintergrund der skizzierten Forschungslandschaft nunmehr als geradezu archetypisches Grundmotiv der Umweltgeschichte identifizieren. Zugleich zeigte es sich speziell in der Umweltgeschichte des 19. und 20. Jahrhunderts immer wieder, dass die verschiedenen Entwicklungen und Probleme in Beziehung standen zum säkularen Wandlungsprozess der westlichen Modernisierung. Von der Umweltgeschichte der Landwirtschaft bis zur Geschichte von Naturschutz und Landschaftspflege, von der Verschmutzung von Wasser, Boden und Luft bis zur Geschichte ökologischer Ideen – immer wieder wurde deutlich, dass die Doppelnatur des Menschen als gesellschaftliches und biologisches Wesen vor allem durch die kolossale transformative Macht des modernen Industriekapitalismus prekär geworden war. Die von K. POLANYI mit Blick auf die soziale Frage beschriebene „Great Transformation" kann insofern auch als Leitmetapher der Umweltgeschichte dienen: die Vorstellung eines marktwirtschaftlichen Systems als eines von mehreren sozialen Systemen mit je distinkter Logik, das sich von tradierten Einbettungen löst, gegenüber anderen gesellschaftlichen Systemen übermächtig wird und diese zunehmend der eigenen monetären Logik unterwirft – und doch letztlich vom Funktionieren ebendieser ökologischen Systeme abhängig bleibt [431: K. POLANYI, Great Transformation]. Es ist kein Zufall, dass sich bei den verschiedensten umwelthistorischen Themenfeldern immer wieder dieselbe Grundfrage nach Begrenzungen kurzfristiger egoistischer Gewinnmaximierung gestellt hat.

Es versteht sich von selbst, dass diese Grundkonstellation der Ergänzung durch Theorien mittlerer Reichweite bedarf, damit sie forschungspraktisch handhabbar wird. Die POLANYI'sche Leitmetapher entwickelte sich auch außerhalb der Umweltgeschichte nie zu einem kohärenten Forschungsprogramm und so wird die umwelthistorische Forschungslandschaft wohl auch weiterhin von einer thematischen und methodischen Vielfalt geprägt bleiben. POLANYIS „Great Transformation" dient insofern eher als Chiffre für die gemeinsame Grundproblematik, die die innere Einheit des Forschungsfeldes konstituiert. Zugleich verweist sie in die Zukunft: Die ökologische Frage ist nicht nur eine historiographische, sondern auch eine politische Herausforderung.

Die Nähe von Umweltbewegung und Umweltgeschichte ist in diesem Band immer wieder deutlich geworden. Ein prononciertes Umweltbewusstsein war nahezu ohne Ausnahme prägend für die erste Generation der Forscher und zumindest einer von ihnen, T. ROMMELSPACHER, wechselte von der Wissenschaft in die Politik und vertrat die Grünen im nordrhein-westfälischen Landtag. Inzwischen scheint sich die Stimmung zumindest graduell geändert zu haben. Zwar gibt es unverkennbar immer noch ein starkes Bewusstsein für die andauernde Gefährdung der natürlichen Lebensgrundlagen und Kritik im Stile ökooptimistischer Renegaten, wie sie in der gegenwartspolitischen Umweltdebatte etwa von D. MAXEINER und M. MIERSCH vertreten wird [11: Öko-Optimismus], blieb in der Umweltgeschichte ohne nennenswertes Echo. Aber insgesamt wuchs doch das Bewusstsein für die Komplexität vieler Probleme und die Unzulänglichkeit von Versuchen, die Schuld lediglich einem einzelnen Bösewicht anzulasten. Konkret schlug sich dies etwa in der Abkehr von scharf industriekritischen Interpretationen nieder, an deren Stelle Analysen traten, die den begrenzten Manövrierspielraum der Unternehmer sowie die institutionellen Rahmenbedingungen, die ihr Verhalten präfigurierten, herausarbeiteten. Ein neuerer Band über „falsche Öko-Alarme" [352: F.

Umweltgeschichte und Umweltbewegung

Wachsende Distanz zur Ökobewegung

UEKÖTTER/J. HOHENSEE, Kassandra] wäre von einer früheren Forschergeneration wohl noch als Nestbeschmutzung eingestuft worden. Zum Teil mag es sich bei der wachsenden inneren Distanz um ein typisches Professionalisierungsphänomen handeln. Leicht könnte eine umwelthistorische Subdisziplin, die demonstrativ ihre Nähe zur Umweltbewegung herausstellte, als schlichtes Anhängsel derselben erscheinen, der es an der nötigen methodischen und empirischen Rigorosität mangele. Es spielt wohl auch eine Rolle, dass die Umweltbewegung längst nicht mehr jene intellektuelle Avantgarde markiert, zu der sie sich in den 1980er Jahren rechnen konnte. Trotzdem ist seltsam, wie wenig die Umweltgeschichte bislang registriert hat, dass die gegenwärtige Krise der Umweltbewegung auch eine Chance für eine politisch aufklärende Geschichtswissenschaft bedeutet. Die Möglichkeiten, Debatten über ökologische Gegenwartsfragen auch einmal aus einer historischen Perspektive zu bereichern, dürften selten so günstig gewesen sein wie heute und dieser Gegenwartsbezug könnte zumindest helfen, den bestehenden Mangel an thematischer und methodischer Kohärenz zu kompensieren. Die Zukunft der Umweltgeschichte als eigenes Forschungsfeld könnte insofern auch von der Frage abhängen, ob sie den Mut aufbringt, wieder politischer zu werden.

Zukunftsaussichten der Umweltgeschichte

Von Greenpeace stammt das Bonmot, man arbeite für den Tag, an dem man überflüssig würde. So gesehen wäre die Mission der Umweltgeschichte erfüllt, wenn etablierte Subdisziplinen wie Wirtschafts-, Politik- und Wissenschaftsgeschichte sich ökologischer Themen mit hinreichender Intensität annehmen würden. Tatsächlich ist die Öffnung der allgemeinen Geschichtswissenschaft für umwelthistorische Themen ganz ohne Zweifel eines der erfreulichsten Phänomene der jüngeren Forschungsentwicklung, zumal es unter Umwelthistorikern inzwischen weitgehend unstrittig ist, dass der Blick auf ökologische Aspekte der Ergänzung durch politische, soziale, ökonomische und andere Perspektiven bedarf: Menschliches Verhalten hat stets ökologische Implikationen, geht aber nie allein in diesen auf. Andererseits: Ob diese Offenheit erhalten bleiben wird, wenn es nicht eine Subdisziplin gibt, die schon qua Existenz die Einbeziehung solcher Perspektiven anmahnt? Vielleicht liegt die Zukunft der Umweltgeschichte als historischer Subdisziplin ja gerade darin, als eine Art institutionalisiertes Memento die Berücksichtigung jener ökologischen „Great Transformation" einzufordern, die historisch wie tagespolitisch zu den entscheidenden Herausforderungen der Menschheit gehört. Und möglicherweise könnte die Umweltgeschichte, dem Camus'schen Sisyphus nicht unähnlich, mit einer solchen Rolle ja auch glücklich werden.

III. Quellen und Literatur

Es gelten die Abkürzungen der Historischen Zeitschrift.

A. Gedruckte Quellen

1. G. Bayerl/U. Troitzsch (Hrsg.), Quellentexte zur Geschichte der Umwelt von der Antike bis heute. Göttingen und Zürich 1998.
2. F.-J. Brüggemeier/M. Toyka-Seid (Hrsg.), Industrie-Natur. Lesebuch zur Geschichte der Umwelt im 19. Jahrhundert. Frankfurt/M. und New York 1995.
3. Bundesamt für Naturschutz (Hrsg.), Daten zur Natur 2004. Münster 2004.
4. R. L. Carson, Der stumme Frühling. München 1990 (urspr. 1962).
5. P. R. Ehrlich, Die Bevölkerungsbombe. München 1971.
6. A. Gore, Wege zum Gleichgewicht. Ein Marshallplan für die Erde. Frankfurt/M. 1992.
7. H. Gruhl, Ein Planet wird geplündert. Die Schreckensbilanz unserer Politik. Frankfurt/M. 1975.
8. H. Jonas, Das Prinzip Verantwortung. Versuch einer Ethik für die technologische Zivilisation. Frankfurt/M. 1979.
9. R. Kaiser (Hrsg.), Global 2000. Der Bericht an den Präsidenten. Frankfurt/M. 1980.
10. E. R. Koch/F. Vahrenholt, Seveso ist überall. Die tödlichen Risiken der Chemie. Köln 1978.
11. D. Maxeiner/M. Miersch, Öko-Optimismus. Düsseldorf und München 1996.
12. P. C. Mayer-Tasch (Hrsg.), Natur denken. Eine Genealogie der ökologischen Idee. Bd. 1: Von der Antike bis zur Renaissance. Bd. 2: Vom Beginn der Neuzeit bis zur Gegenwart. Frankfurt/M. 1991.
13. D. Meadows u.a., Die Grenzen des Wachstums. Bericht des Club of Rome zur Lage der Menschheit. Reinbek 1973 (urspr. 1972).
14. K. M. Meyer-Abich, Aufstand für die Natur. Von der Umwelt zur Mitwelt. München 1990.

15. V. PACKARD, Die große Verschwendung. Düsseldorf 1961.
16. G. PAUSEWANG, Die Wolke. Jetzt werden wir nicht mehr sagen können, wir hätten nichts gewusst. Ravensburg 1987.
17. J. RADKAU, Mensch und Natur in der Geschichte. Kursmaterialien Geschichte Sekundarstufe II. Leipzig 2002.
18. E. SCHRAMM (Hrsg.), Ökologie-Lesebuch. Ausgewählte Texte zur Entwicklung ökologischen Denkens. Frankfurt/M. 1984.
19. G. SCHWAB, Der Tanz mit dem Teufel. Ein abenteuerliches Interview. Hannover 1958.
20. H. STROHM, Friedlich in die Katastrophe. Eine Dokumentation über Atomkraftwerke. Hamburg 1973.
21. K. TRAUBE, Müssen wir umschalten? Von den politischen Grenzen der Technik. Reinbek 1978.
22. UMWELTBUNDESAMT, Daten zur Umwelt. Elektronische Ressource (CD-ROM): Der Zustand der Umwelt in Deutschland. Berlin 2005.
23. D. WALL, Green History. A Reader in Environmental Literature, Philosophy and Politics. London und New York 1994.
24. E. U. VON WEIZSÄCKER, Erdpolitik. Ökologische Realpolitik an der Schwelle zum Jahrhundert der Umwelt. Darmstadt 1989.

B. Literatur

1. Überblicksdarstellungen und Sammelbände

25. W. ABELSHAUSER (Hrsg.), Umweltgeschichte. Umweltverträgliches Wirtschaften in historischer Perspektive. Acht Beiträge. Göttingen 1994.
26. W. BÄTZING, Die Alpen. Geschichte und Zukunft einer europäischen Kulturlandschaft. 2. Aufl. München 2003.
27. G. BAYERL/N. FUCHSLOCH/T. MEYER (Hrsg.), Umweltgeschichte. Methoden, Themen, Potentiale. Münster u. a. 1996.
28. R. BECK, Ebersberg oder das Ende der Wildnis. Eine Landschaftsgeschichte. München 2003.
29. H. BEHRENS/G. NEUMANN/A. SCHIKORA (Hrsg.), Wirtschaftsgeschichte und Umwelt. Hans Mottek zum Gedenken. Marburg 1995.
30. M. BESS, The Light-Green Society. Ecology and Technological Modernity in France, 1960–2000. Chicago und London 2003.
31. D. BLACKBOURN, The Conquest of Nature. Water, Landscape and the Making of Modern Germany. New York und London 2006.

32. F. Braudel, Das Mittelmeer und die mediterrane Welt in der Epoche Philipps II.. 3 Bde. Frankfurt/M. 1990 (urspr. 1949).
33. P. Brimblecombe/C. Pfister (Hrsg.), The Silent Countdown. Essays in European Environmental History. Berlin und Heidelberg 1990.
34. F.-J. Brüggemeier/T. Rommelspacher (Hrsg.), Besiegte Natur. Geschichte der Umwelt im 19. und 20. Jahrhundert. München 1987 (2. Aufl. 1989).
35. F.-J. Brüggemeier, Tschernobyl, 26. April 1986. Die ökologische Herausforderung. München 1998.
36. K. Brunner/P. Schneider (Hrsg.), Umwelt Stadt. Geschichte des Natur- und Lebensraumes Wien. Wien u. a. 2005.
37. J. Calliess/J. Rüsen/M. Striegnitz (Hrsg.), Mensch und Umwelt in der Geschichte. Pfaffenweiler 1989.
38. M. Cioc, The Rhine. An Eco-Biography, 1815-2000. Seattle und London 2002.
39. B. W. Clapp, An Environmental History of Britain since the Industrial Revolution. London u. a. 1994.
40. R. Delort/F. Walter, Histoire de l'environnement européen. Paris 2001.
41. J. Diamond, Guns, Germs and Steel. The Fates of Human Societies. New York und London 1997.
42. J. Diamond, Kollaps. Warum Gesellschaften überleben oder untergehen. Frankfurt/M. 2005.
43. H.-L. Dienel, Homo Faber – Der technische Zugang zur Natur, in: W. Nachtigall/C. Schönbeck (Hrsg.), Technik und Natur. Düsseldorf 1994, 13-84.
44. D. Evans, A History of Nature Conservation in Britain. 2. Aufl. London u. a. 1997.
45. S. Hahn/R. Reith (Hrsg.), Umwelt-Geschichte. Arbeitsfelder, Forschungsansätze, Perspektiven. Wien und München 2001.
46. M. Harris, Kannibalen und Könige. Die Wachstumsgrenzen der Hochkulturen. München 1995 (urspr. 1977).
47. W. G. Hoskins, The Making of the English Landscape. Harmondsworth 1970 (urspr. 1955).
48. J. D. Hughes, What is Environmental History? Cambridge und Malden, Mass. 2006.
49. H. Jäger, Einführung in die Umweltgeschichte. Darmstadt 1994.
50. P. R. Josephson, Resources under Regimes. Technology, Environment, and the State. Cambridge, Mass. und London 2005.

51. M. Kloepfer, Zur Geschichte des deutschen Umweltrechts. Berlin 1994.
52. S. Krech/J. R. McNeill/C. Merchant (Hrsg.), Encyclopedia of World Environmental History. 3 Bde. New York und London 2004.
53. H. Küster, Geschichte der Landschaft in Mitteleuropa. Von der Eiszeit bis zur Gegenwart. München 1995.
54. H. Küster, Die Ostsee. Eine Natur- und Kulturgeschichte. München 2002.
55. G. Lenz, Verlusterfahrung Landschaft. Über die Herstellung von Raum und Umwelt im mitteldeutschen Industriegebiet seit der Mitte des neunzehnten Jahrhunderts. Frankfurt/M. und New York 1999.
56. H. Liebmann, Ein Planet wird unbewohnbar. Ein Sündenregister der Menschheit von der Antike bis zur Gegenwart. München 1973.
57. B. Marquardt, Umwelt und Recht in Mitteleuropa. Von den grossen Rodungen des Hochmittelalters bis ins 21. Jahrhundert. Zürich u. a. 2003.
58. J. R. McNeill, Blue Planet. Die Geschichte der Umwelt im 20. Jahrhundert. Frankfurt/M. und New York 2003.
59. C. Merchant (Hrsg.), Major Problems in American Environmental History. Documents and Essays. Lexington, Mass. 1993.
60. C. Merchant, The Columbia Guide to American Environmental History. New York 2002.
61. C. Miller (Hrsg.), The Atlas of U.S. and Canadian Environmental History. New York und London 2003.
62. L. Mumford, Technics and Civilization. New York 1934.
63. L. Mumford, Mythos der Maschine. Kultur, Technik und Macht. Frankfurt/M. 1977 (1. Aufl. 1967).
64. J. Opie, Nature's Nation. An Environmental History of the United States. Fort Worth u. a. 1998.
65. C. Pfister, Im Strom der Modernisierung. Bevölkerung, Wirtschaft und Umwelt im Kanton Bern 1700–1914. Bern u. a. 1995.
66. C. Ponting, A Green History of the World. London 1991.
67. R. Pott, Die Nordsee. Eine Natur- und Kulturgeschichte. München 2003.
68. O. Rackham, The History of the Countryside. London und Melbourne 1986.
69. J. Radkau, Natur und Macht. Eine Weltgeschichte der Umwelt. München 2000.
70. W. Reinhard, Lebensformen Europas. Eine historische Kulturanthropologie. München 2004.

71. J. F. RICHARDS, The Unending Frontier. An Environmental History of the Early Modern World. Berkeley u. a. 2003.
72. J. SHEAIL, An Environmental History of Twentieth-Century Britain. Basingstoke und New York 2002.
73. R. P. SIEFERLE, Rückblick auf die Natur. Eine Geschichte des Menschen und seiner Umwelt. München 1997.
74. W. SIEMANN (Hrsg.), Umweltgeschichte. Themen und Perspektiven. München 2003.
75. I. G. SIMMONS, Changing the Face of the Earth. Culture, Environment, History. Oxford 1989 (2. Aufl. 1996).
76. I. G. SIMMONS, Environmental History. A Concise Introduction. Oxford und Cambridge, Mass. 1993.
77. I. G. SIMMONS, An Environmental History of Great Britain. From 10,000 Years Ago to the Present. Edinburgh 2001.
78. C. SIMON (Hrsg.), Umweltgeschichte heute. Neue Themen und Ansätze der Geschichtswissenschaft – Beiträge für die Umwelt-Wissenschaft. Mannheim 1993.
79. T. STEINBERG, Down to Earth. Nature's Role in American History. Oxford u. a. 2002.
80. A. TAL, Pollution in a Promised Land. An Environmental History of Israel. Berkeley u. a. 2002.
81. W. L. THOMAS (Hrsg.), Man's Role in Changing the Face of the Earth. Chicago 1956.
82. A. TOYNBEE, Menschheit und Mutter Erde. Die Geschichte der großen Zivilisationen. Hildesheim 1996 (1. Aufl. 1976).
83. B. TRINDER, The Making of the Industrial Landscape. Gloucester 1987 (urspr. 1982).
84. F. UEKÖTTER (Hrsg.), The Frontiers of Environmental History – Umweltgeschichte in der Erweiterung. Sonderheft Umweltgeschichte von HSR 29, 3 (2004).
85. F. WALTER, Bedrohliche und bedrohte Natur. Umweltgeschichte der Schweiz seit 1800. Zürich 1996 (urspr. 1990).
86. L. S. WARREN (Hrsg.), American Environmental History. Malden, Mass. 2003.
87. D. R. WEINER, Models of Nature. Ecology, Conservation, and Cultural Revolution in Soviet Russia. Bloomington 1988.
88. D. R. WEINER, A Little Corner of Freedom. Russian Nature Protection from Stalin to Gorbachëv. Berkeley u. a. 1999.
89. K.-G. WEY, Umweltpolitik in Deutschland. Kurze Geschichte des Umweltschutzes in Deutschland seit 1900. Opladen 1982.

90. T. L. WHITED u. a. (Hrsg.), Northern Europe. An Environmental History. Santa Barbara 2005.
91. V. WINIWARTER/M. KNOLL, Umweltgeschichte. Eine Einführung. Köln 2007.

2. *Literaturberichte*

92. A. ANDERSEN, Umweltgeschichte. Forschungsstand und Perspektiven, in: AfS 33 (1993), 672–701.
93. H. BRAUN, Von der Technik- zur Umweltgeschichte, in: G. Schulz u. a. (Hrsg.), Sozial- und Wirtschaftsgeschichte. Arbeitsgebiete – Probleme – Perspektiven. Stuttgart 2004, 375–401.
94. M. CIOC, The Impact of the Coal Age on the German Environment. A Review of the Historical Literature, in: Environment and History 4,1 (1998), 105–124.
95. A. W. CROSBY, The Past and Present of Environmental History, in: AHR 100 (1995), 1177–1189.
96. N. FREYTAG, Deutsche Umweltgeschichte – Umweltgeschichte in Deutschland. Erträge und Perspektiven, in: HZ 283 (2006), 383–407.
97. P. LEIDINGER, Von der historischen Umweltforschung zur Historischen Ökologie. Ein Literaturbericht, in: WestF 41 (1991), 495–516.
98. G. MASSARD-GUILBAUD, De la „part du milieu" à l'histoire de l'environnement, in: Le Mouvement Social 200 (Juli-September 2002), 64–72.
99. J. R. MCNEILL, Observations on the Nature and Culture of Environmental History, in: H & T 42 (2003), 5–43.
100. J. RADKAU, Literaturbericht Technik- und Umweltgeschichte, in: GWU 48 (1997), 479–497, 50 (1999), 250–258, 356–384.
101. J. RADKAU, Technik und Umwelt, in: G. Ambrosius/D. Petzina/W. Plumpe (Hrsg.), Moderne Wirtschaftsgeschichte. Eine Einführung für Historiker und Ökonomen. 2. überarb. Aufl. München 2006, 135–154.
102. W. SCHMIDT, Rauchplage, Seuchen, Atomenergie. Neue Literatur zur Umweltgeschichte, in: Geschichtsdidaktik 11 (1986), 265–279.
103. E. SCHRAMM, Historische Umweltforschung und Sozialgeschichte des 19. und 20. Jahrhunderts, in: AfS 27 (1987), 439–455.
104. J. K. STINE/J. A. TARR, At the Intersection of Histories. Technology and the Environment, in: Technology and Culture 39 (1998), 601–640 (überarbeitete Fassung unter www.h-net.org/~environ/historiography/ustechnology.htm).

105. M. TOYKA-SEID, Mensch und Umwelt in der Geschichte. Neues aus dem produktiven Selbstfindungsprozess der Umweltgeschichte, in: AfS 43 (2003), 423–447.
106. R. WHITE, American Environmental History. The Development of a New Historical Field, in: Pacific Historical Review 54 (1985), 297–335.

3. Natur als Idee und Utopie

107. G. BÖHME/H. BÖHME, Feuer, Wasser, Erde, Luft. Eine Kulturgeschichte der Elemente. München 1996.
108. P. J. BOWLER, Viewegs Geschichte der Umweltwissenschaften. Ein Bild der Naturgeschichte unserer Erde. Braunschweig und Wiesbaden 1997 (urspr. 1992).
109. J. BUCHNER, Kultur mit Tieren. Zur Formierung des bürgerlichen Tierverständnisses im 19. Jahrhundert. Münster u. a. 1996.
110. P. COATES, Nature. Western Attitudes since Ancient Times. Cambridge u. a. 1998.
111. A. CORBIN, Pesthauch und Blütenduft. Eine Geschichte des Geruchs. Frankfurt/M. 1988 (urspr. 1982).
112. A. CORBIN, Meereslust. Das Abendland und die Entdeckung der Küste 1750–1840. Berlin 1990.
113. A. CORBIN, Die Sprache der Glocken. Ländliche Gefühlskultur und symbolische Ordnung im Frankreich des 19. Jahrhunderts. Frankfurt/M. 1995.
114. R. DELORT, Les animaux ont une histoire. Paris 1984.
115. M. E. DERRY, Bred for Perfection. Shorthorn Cattle, Collies, and Arabian Horses since 1800. Baltimore und London 2003.
116. H.-L. DIENEL, Herrschaft über die Natur? Naturvorstellungen deutscher Ingenieure 1871–1914. Stuttgart 1992.
117. P. DINZELBACHER (Hrsg.), Mensch und Tier in der Geschichte Europas. Stuttgart 2000.
118. J. I. ENGELS, Von der Sorge um die Tiere zur Sorge um die Umwelt. Tiersendungen als Umweltpolitik in Westdeutschland zwischen 1950 und 1980, in: AfS 43 (2003), 297–323.
119. W. FLEMMING, Der Wandel des deutschen Naturgefühls vom 15. bis 18. Jahrhundert. Halle 1931.
120. C. J. GLACKEN, Traces on the Rhodian Shore. Nature and Culture in Western Thought from Ancient Times to the End of the Eighteenth Century. Berkeley u. a. 1967.
121. K. GLOY, Das Verständnis der Natur. Erster Band: Die Geschich-

te des wissenschaftlichen Denkens. München 1995; Zweiter Band: Die Geschichte des ganzheitlichen Denkens. München 1996.
122. M. GROSS, Die Natur der Gesellschaft. Eine Geschichte der Umweltsoziologie. Weinheim und München 2001.
123. J. HERMAND, Grüne Utopien in Deutschland. Zur Geschichte des ökologischen Bewußtseins. Frankfurt/M. 1991.
124. R. JOHLER, Vogelmord und Vogelliebe. Zur Ethnographie konträrer Leidenschaften, in: HA 5 (1997), 1–35.
125. S. D. JONES, Valuing Animals. Veterinarians and their Patients in Modern America. Baltimore und London 2003.
126. KUNST- UND AUSSTELLUNGSHALLE DER BUNDESREPUBLIK DEUTSCHLAND (Hrsg.), Erde. Köln 2002.
127. M. KURLANSKY, Salz. Der Stoff, der die Welt veränderte. München 2002.
128. C. MERCHANT, Der Tod der Natur. Ökologie, Frauen und neuzeitliche Naturwissenschaft. München 1987 (urspr. 1980).
129. C. MERCHANT, Reinventing Eden. The Fate of Nature in Western Culture. New York 2003.
130. B. MERGEN, Snow in America. Washington und London 1997.
131. T. MEYER/M. POPPLOW, „To employ each of Nature's products in the most favorable way possible". Nature as a Commodity in Eighteenth-Century German Economic Discourse, in: HSR 29, 4 (2004), 4–40.
132. P. MÜNCH/R. WALZ (Hrsg.), Tiere und Menschen. Geschichte und Aktualität eines prekären Verhältnisses. Paderborn u. a. 1998.
133. R. NASH, Wilderness and the American Mind. New Haven und London 1967.
134. R. NASH, The Rights of Nature. A History of Environmental Ethics. Madison 1989.
135. D. PEPPER, Modern Environmentalism. An Introduction. London und New York 1996.
136. J. H. J. VAN DER POT, Die Bewertung des technischen Fortschritts. Eine systematische Übersicht der Theorien. 2 Bde. Assen 1985.
137. S. J. PYNE, Vestal Fire. An Environmental History, Told through Fire, of Europe and Europe's Encounter with the World. Seattle und London 1997.
138. S. J. PYNE, Fire. A Brief History. Seattle und London 2001.
139. M. RHEINHEIMER, Wolf und Werwolfglaube. Die Ausrottung der Wölfe in Schleswig-Holstein, in: HA 2 (1994), 399–422.

140. M. RHEINHEIMER, Die Angst vor dem Wolf. Werwolfglaube, Wolfssagen und Ausrottung der Wölfe in Schleswig-Holstein, in: Fabula 36 (1995), 25–78.
141. H. RITVO, The Animal Estate. The English and Other Creatures in the Victorian Age. Cambridge, Mass. und London 1987.
142. N. ROTHFELS, Savages and Beasts. The Birth of the Modern Zoo. Baltimore und London 2002.
143. S. SCHAMA, Der Traum von der Wildnis. Natur als Imagination. München 1996.
144. E. SCHRAMM, Im Namen des Kreislaufs. Ideengeschichte der Modelle vom ökologischen Kreislauf. Frankfurt/M. 1997.
145. R. P. SIEFERLE, Die Krise der menschlichen Natur. Zur Geschichte eines Konzepts. Frankfurt/M. 1989.
146. D. SPEICH, Helvetische Meliorationen. Die Neuordnung der gesellschaftlichen Naturverhältnisse an der Linth (1783–1823). Zürich 2003.
147. K. THOMAS, Man and the Natural World. Changing Attitudes in England 1500–1800. London 1984.
148. L. TREPL, Geschichte der Ökologie. Vom 17. Jahrhundert bis zur Gegenwart. Frankfurt/M. 1987.
149. L. WHITE, JR., The Historical Roots of our Ecologic Crisis, in: Science 155 (1967), 1203–1207.
150. D. WORSTER, Nature's Economy. A History of Ecological Ideas. Cambridge und New York 1977.

4. Wald- und Forstgeschichte

151. J. ALLMANN, Der Wald in der frühen Neuzeit. Eine mentalitäts- und sozialgeschichtliche Untersuchung am Beispiel des Pfälzer Raumes 1500–1800. Berlin 1989.
152. A. BERNHARDT, Geschichte des Waldeigenthums, der Waldwirthschaft und Forstwissenschaft in Deutschland. 3 Bde. Berlin 1872–75.
153. W. BODE/E. EMMERT, Jagdwende. Vom Edelhobby zum ökologischen Handwerk. München 1998.
154. W. BODE/M. VON HOHNHORST, Waldwende. Vom Försterwald zum Naturwald. München 1994.
155. M. CARTMILL, Das Bambi-Syndrom. Jagdleidenschaft und Misanthropie in der Kulturgeschichte. Reinbek 1995
156. A. DEMANDT, Über allen Wipfeln. Der Baum in der Kulturgeschichte. Köln u. a. 2002.

157. C. ERNST, Den Wald entwickeln. Ein Politik- und Konfliktfeld in Hunsrück und Eifel im 18. Jahrhundert. München 2000.
158. B.-S. GREWE, Der versperrte Wald. Ressourcenmangel in der bayerischen Pfalz (1814–1870). Köln u. a. 2004.
159. K. HASEL, Forstgeschichte. Ein Grundriß für Studium und Praxis. Hamburg und Berlin 1985.
160. M. KNOLL, Umwelt – Herrschaft – Gesellschaft. Die landesherrliche Jagd Kurbayerns im 18. Jahrhundert. St. Katharinen 2004.
161. H. KÜSTER, Geschichte des Waldes. Von der Urzeit bis zur Gegenwart. München 1998.
162. A. LEHMANN, Von Menschen und Bäumen. Die Deutschen und ihr Wald. Reinbek 1999.
163. A. LEHMANN, Der deutsche Wald, in: E. François/H. Schulze (Hrsg.), Deutsche Erinnerungsorte Bd. 3. München 2001, 187–200.
164. A. LEHMANN/K. SCHRIEWER (Hrsg.), Der Wald – deutscher Mythos? Perspektiven eines Kulturthemas. Berlin 2000.
165. K. MANTEL, Wald und Forst in der Geschichte. Ein Lehr- und Handbuch. Alfeld und Hannover 1990.
166. A. NELSON, Cold War Ecology. Forests, Farms, and People in the East German Landscape, 1945–1989. New Haven und London 2005.
167. J. RADKAU, Holzverknappung und Krisenbewußtsein im 18. Jahrhundert, in: GG 9 (1983), 513–543.
168. J. RADKAU, Zur angeblichen Energiekrise des 18. Jahrhunderts. Revisionistische Betrachtungen über die „Holznot", in: VSWG 73 (1986), 1–37.
169. J. RADKAU/I. SCHÄFER, Holz. Ein Naturstoff in der Technikgeschichte. Reinbek 1987.
170. W. RÖSENER (Hg), Jagd und höfische Kultur im Mittelalter. Göttingen 1997.
171. W. RÖSENER, Die Geschichte der Jagd. Kultur, Gesellschaft und Jagdwesen im Wandel der Zeit. Düsseldorf und Zürich 2004.
172. H. RUBNER, Forstgeschichte im Zeitalter der industriellen Revolution. Berlin 1967.
173. H. RUBNER, Deutsche Forstgeschichte 1933–1945. Forstwirtschaft, Jagd und Umwelt im NS-Staat. St. Katharinen 1985.
174. H. RUBNER, Neue Literatur zur europäischen Forstgeschichte mit besonderer Berücksichtigung Mitteleuropas (1990–2000), in: VSWG 89 (2002), 307–316.
175. I. SCHÄFER, „Ein Gespenst geht um." Politik mit der Holznot in Lippe 1750–1850. Detmold 1992.

176. W. SCHENK, Waldnutzung, Waldzustand und regionale Entwicklung in vorindustrieller Zeit im mittleren Deutschland. Historisch-geographische Beiträge zur Erforschung von Kulturlandschaften in Mainfranken und Nordhessen. Stuttgart 1996.
177. W. SCHENK, Holznöte im 18. Jahrhundert? Ein Forschungsbericht zur „Holznotdebatte" der 1990er Jahre, in: Schweizer Zeitschrift für Forstwesen 157 (2006), 377-383.
178. U. E. SCHMIDT, Der Wald in Deutschland im 18. und 19. Jahrhundert. Das Problem der Ressourcenknappheit dargestellt am Beispiel der Waldressourcenknappheit in Deutschland im 18. und 19. Jahrhundert. Eine historisch-politische Analyse. Saarbrücken 2002.
179. B. SELTER, Waldnutzung und ländliche Gesellschaft. Landwirtschaftlicher „Nährwald" und neue Holzökonomie im Sauerland des 18. und 19. Jahrhunderts. Paderborn 1995.
180. W. SIEMANN/N. FREYTAG/W. PIERETH (Hrsg.), Städtische Holzversorgung. Machtpolitik, Armenfürsorge und Umweltkonflikte in Bayern und Österreich (1750-1850). München 2002.
181. W. SOMBART, Der moderne Kapitalismus. Historisch-systematische Darstellung des gesamteuropäischen Wirtschaftslebens von seinen Anfängen bis zur Gegenwart. Bd. 2 Halbbd. 2. 3. Aufl. München und Leipzig 1919.
182. M. STUBER, „Wir halten eine fette Mahlzeit, denn mit dem Ei verzehren wir die Henne". Konzepte nachhaltiger Waldnutzung im Kanton Bern 1750-1880. Zürich 1997.
183. E. WEINBERGER, Waldnutzung und Waldgewerbe in Altbayern im 18. und beginnenden 19. Jahrhundert. Stuttgart 2001.
184. R. ZUNDEL/E. SCHWARTZ, 50 Jahre Forstpolitik in Deutschland (1945-1994). Münster-Hiltrup 1996.

5. Energiekrisen und Ressourcenprobleme

185. A. ADRIAANSE u.a., Stoffströme. Die materielle Basis von Industriegesellschaften. Berlin u. a. 1998.
186. A. ANDERSEN, Der Traum vom guten Leben. Alltags- und Konsumgeschichte vom Wirtschaftswunder bis heute. Frankfurt/M. und New York 1997.
187. B. BAYERL/K. PICHOL, Papier. Produkt aus Lumpen, Holz und Wasser. Reinbek 1986.
188. W. CRONON, Nature's Metropolis. Chicago and the Great West. New York und London 1992.

189. J.-C. DEBEIR/J.-P. DELÉAGE/D. HÉMERY, Prometheus auf der Titanic. Geschichte der Energiesysteme. Frankfurt/M. und New York 1989.
190. M. FISCHER-KOWALSKI u.a., Gesellschaftlicher Stoffwechsel und Kolonisierung von Natur. Ein Versuch in Sozialer Ökologie. Amsterdam 1997.
191. A. GALL, Das Atlantropa-Projekt. Die Geschichte einer gescheiterten Vision. Hermann Sörgel und die Absenkung des Mittelmeers. Frankfurt/M. und New York 1998.
192. H. HABERL/M. FISCHER-KOWALSKI/F. KRAUSMANN/H. WEISZ/V. WINIWARTER, Progress towards Sustainability? What the conceptual framework of material and energy flow accounting (MEFA) can offer, in: Land Use Policy 21 (2004), 199–213.
193. G. HECHT, The Radiance of France. Nuclear Power and National Identity after World War II. Cambridge, Mass. und London 1998.
194. M. HEYMANN, Die Geschichte der Windenergienutzung 1890–1990. Frankfurt/M. und New York 1995.
195. P. HÖGSELIUS, Die deutsch-deutsche Geschichte des Kernkraftwerkes Greifswald. Atomenergie zwischen Ost und West. Berlin 2005.
196. F. HUCHTING, Abfallwirtschaft im Dritten Reich, in: Technikgeschichte 48 (1981), 252–273.
197. U. KIRCHNER, Der Hochtemperaturreaktor. Konflikte, Interessen, Entscheidungen. Frankfurt/M. und New York 1991.
198. W. KÖNIG, Geschichte der Konsumgesellschaft. Stuttgart 2000.
199. S. KÖSTERING, „Pioniere der Rohstoffbeschaffung". Lumpensammler im Nationalsozialismus, 1934–1939, in: Werkstatt Geschichte 17 (1997), 45–65.
200. P. KUPPER, Atomenergie und gespaltene Gesellschaft. Die Geschichte des gescheiterten Projektes Kernkraftwerk Kaiseraugst. Zürich 2003.
201. R. LADWIG (Hrsg.), Recycling in Geschichte und Gegenwart. Freiberg 2003.
202. G. MENER, Zwischen Labor und Markt. Geschichte der Sonnenenergienutzung in Deutschland und den USA 1860–1986. Baldham 2001.
203. M. NAST, Die stummen Verkäufer. Lebensmittelverpackungen im Zeitalter der Konsumgesellschaft. Umwelthistorische Untersuchung über die Entwicklung der Warenverpackung und den Wandel der Einkaufsgewohnheiten (1950er bis 1990er Jahre). Bern u. a. 1997.

204. C. Pfister (Hrsg.), Das 1950er Syndrom. Der Weg in die Konsumgesellschaft. Bern u. a. 1995.
205. J. Radkau, Aufstieg und Krise der deutschen Atomwirtschaft 1945-1975. Verdrängte Alternativen in der Kerntechnik und der Ursprung der nuklearen Kontroverse. Reinbek 1983.
206. M. Reichert, Kernenergiewirtschaft in der DDR. Entwicklungsbedingungen, konzeptioneller Anspruch und Realisierungsgrad (1955-1990). St. Katharinen 1999.
207. M. Reisner, Cadillac Desert. The American West and its Disappearing Water. New York 1986.
208. R. Scola, Feeding the Victorian City. The Food Supply of Manchester, 1770-1870. Manchester und New York 1992.
209. R. P. Sieferle, The Subterranean Forest. Energy Systems and the Industrial Revolution. Cambridge 2001 (dt. Ursprungsfassung: Der unterirdische Wald. Energiekrise und Industrielle Revolution. München 1982).
210. R. P. Sieferle/F. Krausmann/H. Schandl/V. Winiwarter, Das Ende der Fläche. Zum gesellschaftlichen Stoffwechsel der Industrialisierung. Köln u. a. 2006.
211. H. Siegenthaler (Hrsg.), Ressourcenverknappung als Problem der Wirtschaftsgeschichte. Berlin 1990.
212. J. Sieglerschmidt (Hrsg.), Der Aufbruch ins Schlaraffenland. Stellen die Fünfziger Jahre eine Epochenschwelle im Mensch-Umwelt-Verhältnis dar? Mannheim 1995.
213. A. Tiggemann, Die „Achillesferse" der Kernenergie in der Bundesrepublik Deutschland. Zur Kernenergiekontroverse und Geschichte der nuklearen Entsorgung von den Anfängen bis Gorleben 1955 bis 1985. Lauf an der Pegnitz 2004.
214. A. Weisker, Expertenvertrauen gegen Zukunftsangst. Zur Risikowahrnehmung der Kernenergie, in: U. Frevert (Hrsg.), Vertrauen. Historische Annäherungen. Göttingen 2003, 394-421.
215. U. Wengenroth, Eiffelturm und Coladose. Über den Zusammenhang von Wirtschaftswachstum und Metallverbrauch, in: Kultur & Technik 19, 3 (1995), 11-15.
216. R. White, The Organic Machine. The Remaking of the Columbia River. New York 1995.
217. T. Wildi, Der Traum vom eigenen Reaktor. Die schweizerische Atomtechnologieentwicklung 1945-1969. Zürich 2003.
218. J. C. Williams, Energy and the Making of Modern California. Akron, Ohio 1997.

219. D. YERGIN, Der Preis. Die Jagd nach Öl, Geld und Macht. Frankfurt/M. 1991.
220. C. A. ZIMRING, Cash for your Trash. Scrap Recycling in America. New Brunswick, New Jersey und London 2005.

6. Umweltverschmutzung und Stadthygiene

221. A. ANDERSEN, Historische Technikfolgenabschätzung am Beispiel des Metallhüttenwesens und der Chemieindustrie 1850–1933. Stuttgart 1996.
222. M. BERGMEIER, Zur Geschichte umweltfreundlicher Energietechniken im 20. Jahrhundert. Das Beispiel der Abfallenergieverwertung, in: AfS 43 (2003), 151–176.
223. H. BERNDT, Hygienebewegung des 19. Jahrhunderts als vergessenes Thema von Stadt- und Architektursoziologie, in: Die alte Stadt 14 (1987), 140–163.
224. C. BERNHARDT/G. MASSARD-GUILBAUD (Hrsg.), Le Démon Moderne. La Pollution dans les Sociétés Urbaines et Industrielles d'Europe. Clermont-Ferrand 2002.
225. R. BIRKEFELD/M. JUNG, Die Stadt, der Lärm und das Licht. Die Veränderung des öffentlichen Raumes durch Motorisierung und Elektrifizierung. Seelze 1994.
226. F.-J. BRÜGGEMEIER, Das unendliche Meer der Lüfte. Luftverschmutzung, Industrialisierung und Risikodebatten im 19. Jahrhundert. Essen 1996.
227. F.-J. BRÜGGEMEIER/T. ROMMELSPACHER, Geschichte der Umwelt im Ruhrgebiet im 19. und 20. Jahrhundert, in: W. Köllmann u. a. (Hrsg.), Das Ruhrgebiet im Industriezeitalter. Geschichte und Entwicklung. Bd. 2. Düsseldorf 1990, 509–559.
228. F.-J. BRÜGGEMEIER/T. ROMMELSPACHER, Blauer Himmel über der Ruhr. Geschichte der Umwelt im Ruhrgebiet 1840–1990. Essen 1992.
229. J. BÜSCHENFELD, Flüsse und Kloaken. Umweltfragen im Zeitalter der Industrialisierung (1870–1918). Stuttgart 1997.
230. F. H. CHAPELLE, Wellsprings. A Natural History of Bottled Spring Waters. New Brunswick, New Jersey und London 2005.
231. N. DINÇKAL, Istanbul und das Wasser. Zur Geschichte der Wasserversorgung und Abwasserentsorgung von der Mitte des 19. Jahrhunderts bis 1966. München 2004.
232. N. DINÇKAL/S. MOHAJERI, Blickwechsel. Beiträge zur Geschichte der Wasserversorgung und Abwasserentsorgung in Berlin und Istanbul. Berlin 2001.

233. A. Dix, Industrialisierung und Wassernutzung. Eine historisch-geographische Umweltgeschichte der Tuchfabrik Ludwig Müller in Kuchenheim. Köln 1997.
234. R. J. Evans, Tod in Hamburg. Stadt, Gesellschaft und Politik in den Cholera-Jahren 1830–1910. Reinbek 1990 (urspr. 1987).
235. M. Forter, Farbenspiel. Ein Jahrhundert Umweltnutzung durch die Basler chemische Industrie. Zürich 2000.
236. H. Frilling/O. Mischer, Pütt un Pann'n. Geschichte der Hamburger Hausmüllbeseitigung. Hamburg 1994.
237. M. Gather, Hundert Jahre Müllnotstand. Der lange Weg wiederkehrender Ratlosigkeit in Frankfurt am Main, in: Die alte Stadt 18 (1991), 358–369.
238. U. Gilhaus, „Schmerzenskinder der Industrie". Umweltverschmutzung, Umweltpolitik und sozialer Protest im Industriezeitalter in Westfalen 1845–1914. Paderborn 1995.
239. P. Hadamczyk/R. Kampherm, Historischer Umweltatlas Münster. Münster und New York 1993.
240. A. I. Hardy, Ärzte, Ingenieure und städtische Gesundheit. Medizinische Theorien in der Hygienebewegung des 19. Jahrhunderts. Frankfurt/M. und New York 2005.
241. R. Henneking, Chemische Industrie und Umwelt. Konflikte um Umweltbelastungen durch die chemische Industrie am Beispiel der schwerchemischen, Farben- und Düngemittelindustrie der Rheinprovinz (ca. 1800–1914). Stuttgart 1994.
242. K. O. Henseling, Ein Planet wird vergiftet. Der Siegeszug der Chemie: Geschichte einer Fehlentwicklung. Reinbek 1992.
243. G. Hösel, Unser Abfall aller Zeiten. Eine Kulturgeschichte der Städtereinigung. München 1987.
244. P. Hüttenberger, Umweltschutz vor dem Ersten Weltkrieg. Ein sozialer und bürokratischer Konflikt, in: H. Hoebink (Hrsg.), Staat und Wirtschaft an Rhein und Ruhr 1816–1991. 175 Jahre Regierungsbezirk Düsseldorf. Essen 1992, 263–284.
245. T. Kluge/E. Schramm, Wassernöte. Zur Geschichte des Trinkwassers. 2. Aufl. Köln 1988.
246. S. Köstering/R. Rüb (Hrsg.), Müll von gestern? Eine umweltgeschichtliche Erkundung in Berlin und Brandenburg. Münster u. a. 2003.
247. A. Labisch, Homo hygienicus. Gesundheit und Medizin in der Neuzeit. Frankfurt/M. und New York 1992.
248. C. Lindemann, Verbrennung oder Verwertung. Müll als Problem

um die Wende vom 19. zum 20. Jahrhundert, in: Technikgeschichte 59 (1992), 91–107.
249. A. MAZUR, A Hazardous Inquiry. The *Rashomon* Effect at Love Canal. Cambridge und London 1998.
250. M. V. MELOSI, The Sanitary City. Urban Infrastructure in America from Colonial Times to the Present. Baltimore und London 2000.
251. I. MIECK, „Aerem corrumpere non licet". Luftverunreinigung und Immissionsschutz in Preußen bis zur Gewerbeordnung 1869, in: Technikgeschichte 34 (1967), 36–78.
252. I. MIECK, Luftverunreinigung und Immissionsschutz in Frankreich und Preußen zur Zeit der frühen Industrialisierung, in: Technikgeschichte 48 (1981), 239–251.
253. I. MIECK, Die Anfänge der Umweltschutzgesetzgebung in Frankreich, in: Francia 9 (1981), 331–367.
254. S. MOHAJERI, 100 Jahre Berliner Wasserversorgung und Abwasserentsorgung 1840–1940. Stuttgart 2005.
255. P. MÜNCH, Stadthygiene im 19. und 20. Jahrhundert. Die Wasserversorgung, Abwasser- und Abfallbeseitigung unter besonderer Berücksichtigung Münchens. Göttingen 1993.
256. J. PAUL, Die Abwassergeschichte der Sieg im Industriezeitalter. Bilanz eines Siegeszuges. Siegburg 1992.
257. J. PAUL, Grenzen der Belastbarkeit. Die Flüsse Rur (Roer) und Inde im Industriezeitalter. Jülich 1994.
258. J. PAUL, Risikodebatten über den Tieftagebau im rheinischen Braunkohlenrevier seit den 1950er Jahren, in: Technikgeschichte 65 (1998), 141–161.
259. P. PAYER, Unerwünschte Geräusche. Lärm und Großstadt im 20. Jahrhundert, in: Blätter für Technikgeschichte 66/67 (2004/05), 69–94.
260. D. REID, Paris Sewers and Sewermen. Realities and Representations. Cambridge, Mass. und London 1991.
261. K. SAUL, Wider die „Lärmpest". Lärmkritik und Lärmbekämpfung im Deutschen Kaiserreich, in: D. Machule/O. Mischer/A. Sywottek (Hrsg.), Macht Stadt krank? Vom Umgang mit Gesundheit und Krankheit. Hamburg 1996, 151–192.
262. K. SCHLOTTAU, Eingriffe in den Bodenhaushalt. Industrielle Altlasten und ihre systematische Erkundung, in: G. Bayerl/T. Meyer (Hrsg.), Die Veränderung der Kulturlandschaft. Nutzungen – Sichtweisen – Planungen. Münster u. a. 2003, 199–212.
263. D. SCHOTT, Urban Environmental History. What Lessons Are There to be Learnt? in: Boreal Environment Research 9 (2004), 519–528.

264. M. SCHUMACHER/M. GRIEGER, Wasser, Boden, Luft. Beiträge zur Umweltgeschichte des Volkswagenwerks Wolfsburg. Wolfsburg 2002.
265. C. SIMON, DDT. Kulturgeschichte einer chemischen Verbindung. Basel 1999.
266. J. VON SIMSON, Kanalisation und Städtehygiene im 19. Jahrhundert. Düsseldorf 1983.
267. G. SPELSBERG, Rauchplage. Zur Geschichte der Luftverschmutzung. Köln 1988 (urspr. 1984).
268. F. SPIEGELBERG, Reinhaltung der Luft im Wandel der Zeit. Düsseldorf 1984.
269. M. STOLBERG, Ein Recht auf saubere Luft? Umweltkonflikte am Beginn des Industriezeitalters. Erlangen 1994.
270. S. STRASSER, Waste and Want. A Social History of Trash. New York 1999.
271. J. A. TARR, The Search for the Ultimate Sink. Urban Air, Land, and Water Pollution in Historical Perspective, in: ders. (Hrsg.), The Search for the Ultimate Sink. Urban Pollution in Historical Perspective. Akron, Ohio 1996, 7–35.
272. F. UEKÖTTER, Die Kommunikation zwischen technischen und juristischen Experten als Schlüsselproblem der Umweltgeschichte. Die preußische Regierung und die Berliner Rauchplage, in: Technikgeschichte 66 (1999), 1–31.
273. F. UEKÖTTER, Von der Rauchplage zur ökologischen Revolution. Eine Geschichte der Luftverschmutzung in Deutschland und den USA 1880–1970. Essen 2003.
274. R. A. WINES, Fertilizer in America. From Waste Recycling to Resource Exploitation. Philadelphia 1985.

7. Geschichte der Umweltbewegungen

275. C. APPLEGATE, A Nation of Provincials. The German Idea of Heimat. Berkeley u. a. 1990.
276. R. AUSTER, Landschaftstage. Kooperative Planungsverfahren in der Landschaftsentwicklung – Erfahrungen aus der DDR. Marburg 1996.
277. R. AUSTER/H. BEHRENS, Naturschutz in den Neuen Bundesländern. Ein Rückblick. 2. Aufl. Berlin 2001.
278. E. BARLÖSIUS, Naturgemäße Lebensführung. Zur Geschichte der Lebensreform um die Jahrhundertwende. Frankfurt/M. und New York 1997.

279. H. BEHRENS u.a., Wurzeln der Umweltbewegung. Die „Gesellschaft für Natur und Umwelt" (GNU) im Kulturbund der DDR. Ein Beitrag zur Geschichte der ökologischen Bewegung in den neuen Bundesländern. Marburg 1993.
280. H. BEHRENS, Naturschutz und Landeskultur in der Sowjetischen Besatzungszone und in der DDR. Ein historischer Überblick, in: G. Bayerl/T. Meyer (Hrsg.), Die Veränderung der Kulturlandschaft. Nutzungen – Sichtweisen – Planungen. Münster u. a. 2003, 213–271.
281. W. BERG, Das Phantom. Die Aktivitäten der Ökologischen Arbeitsgruppe (ÖAG) Halle gegen die Asphaltierung der Heidewege 1988 und die Reaktion des MfS. Halle 1999.
282. K. BERGMANN, Agrarromantik und Großstadtfeindschaft. Meisenheim 1970.
283. M. BERGMEIER, Umweltgeschichte der Boomjahre 1949–1973. Das Beispiel Bayern. Münster 2002.
284. E. BOA/R. PALFREYMAN, Heimat, a German Dream. Regional Loyalties and National Identity in German Culture 1890–1990. Oxford 2000.
285. A. BRAMWELL, Blood and Soil. Walther Darré and Hitler's Green Party. Abbotsbrook 1985.
286. A. BRAMWELL, Ecology in the 20th Century. A History. New Haven und London 1989.
287. K.-W. BRAND (Hrsg.), Neue soziale Bewegungen in Westeuropa und den USA. Ein internationaler Vergleich. Frankfurt/M. und New York 1985.
288. K.-W. BRAND/D. BÜSSER/D. RUCHT, Aufbruch in eine andere Gesellschaft. Neue soziale Bewegungen in der Bundesrepublik. Frankfurt/M. und New York 1984.
289. F.-J. BRÜGGEMEIER/M. CIOC/T. ZELLER (Hrsg.), How Green Were the Nazis? Nature, Environment, and Nation in the Third Reich. Athens, Ohio 2005.
290. F.-J. BRÜGGEMEIER/J. I. ENGELS (Hrsg.). Natur- und Umweltschutz nach 1945. Konzepte, Konflikte, Kompetenzen. Frankfurt/M. und New York 2005.
291. K. BUCHHOLZ u. a. (Hrsg.), Die Lebensreform. Entwürfe zur Neugestaltung von Leben und Kunst um 1900. 2 Bde. Darmstadt 2001.
292. S. L. CHANEY, Visions and Revisions of Nature. From the Protection of Nature to the Invention of the Environment in the Federal Republic of Germany, 1945–1975. Diss. University of North Carolina at Chapel Hill 1996.

293. A. Confino, The Nation as a Local Metaphor. Württemberg, Imperial Germany, and National Memory, 1871-1918. Chapel Hill u. a. 1997.
294. A. Daum, Wissenschaftspopularisierung im 19. Jahrhundert. Bürgerliche Kultur, naturwissenschaftliche Bildung und die deutsche Öffentlichkeit, 1848-1914. 2. Aufl. München 2002.
295. K. Ditt, Naturschutz und Tourismus in England und in der Bundesrepublik Deutschland 1949-1980. Gesetzgebung, Organisation, Probleme, in: AfS 43 (2003), 241-274.
296. A. Dix/R. Gudermann, Naturschutz in der DDR. Idealisiert, ideologisiert, instrumentalisiert? in: H.-W. Frohn/F. Schmoll (Hrsg.), Natur und Staat. Staatlicher Naturschutz in Deutschland 1906-2006. Bonn-Bad Godesberg 2006, 535-624.
297. R. H. Dominick, The Environmental Movement in Germany. Prophets and Pioneers, 1871-1971. Bloomington und Indianapolis 1992.
298. J. I. Engels, Naturpolitik in der Bundesrepublik. Ideenwelt und politische Verhaltensstile in Naturschutz und Umweltbewegung 1950-1980. Paderborn 2006.
299. U. Fraunholz, Motorphobia. Anti-automobiler Protest im Kaiserreich und Weimarer Republik. Göttingen 2002.
300. H.-P. Gensichen, Das Umweltengagement in den evangelischen Kirchen in der DDR, in: H. Behrens/H. Paucke (Hrsg.), Umweltgeschichte. Wissenschaft und Praxis. Marburg 1994, 65-83.
301. B. Gissibl, German Colonialism and the Beginnings of International Wildlife Preservation in Africa, in: F. Zelko (Hrsg.), From *Heimat* to *Umwelt*. New Perspectives on German Environmental History. Washington 2006, 121-143.
302. A. Goodbody (Hrsg.), The Culture of German Environmentalism. Anxieties, Visions, Realities. New York und Oxford 2002.
303. R. Gottlieb, Forcing the Spring. The Transformation of the American Environmental Movement. Washington und Covelo, Calif. 1993.
304. U. Heyll, Wasser, Fasten, Luft und Licht. Die Geschichte der Naturheilkunde in Deutschland. Frankfurt/M. und New York 2006.
305. K. F. Hünemörder, Die Frühgeschichte der globalen Umweltkrise und die Formierung der deutschen Umweltpolitik (1950-1973). Stuttgart 2004.
306. R. Inglehart, The Silent Revolution. Changing Values and Political Styles among Western Publics. Princeton 1977.
307. M. E. Jones, Origins of the East German Environmental Movement, in: German Studies Review 16 (1993), 235-264.

308. R. Jütte, Geschichte der Alternativen Medizin. Von der Volksmedizin zu den unkonventionellen Therapien von heute. München 1996.
309. D. Kerbs/J. Reulecke (Hrsg.), Handbuch der deutschen Reformbewegungen 1880–1933. Wuppertal 1998.
310. M. Klein, Wieviel Platz bleibt im Prokrustesbett? Wertewandel in der Bundesrepublik Deutschland zwischen 1973 und 1992 gemessen anhand des Inglehart-Index, in: KZSS 47 (1995), 207–230.
311. M. Klein/J. W. Falter, Der lange Weg der Grünen. Eine Partei zwischen Protest und Regierung. München 2003.
312. H. Kleinert, Aufstieg und Fall der Grünen. Analyse einer alternativen Partei. Bonn 1992.
313. D. Klenke, Bundesdeutsche Verkehrspolitik und Motorisierung. Konfliktträchtige Weichenstellungen in den Jahren des Wiederaufstiegs. Stuttgart 1993.
314. E. Klueting (Hrsg.), Antimodernismus und Reform. Zur Geschichte der deutschen Heimatbewegung. Darmstadt 1991.
315. A. Knaut, Zurück zur Natur! Die Wurzeln der Ökologiebewegung (Supplement 1 [1993] zum Jahrbuch für Naturschutz und Landschaftspflege). Greven 1993.
316. S. Köstering, Natur zum Anschauen. Das Naturkundemuseum des deutschen Kaiserreichs 1871–1914. Köln u. a. 2003.
317. W. R. Krabbe, Gesellschaftsveränderung durch Lebensreform. Strukturmerkmale einer sozialreformerischen Bewegung im Deutschland der Industrialisierungsperiode. Göttingen 1974.
318. A. Leh, Zwischen Heimatschutz und Umweltbewegung. Die Professionalisierung des Naturschutzes in Nordrhein-Westfalen 1945–1975. Frankfurt/M. und New York 2006.
319. T. M. Lekan, Imagining the Nation in Nature. Landscape Preservation and German Identity, 1885–1945. Cambridge, Mass. u. a. 2003.
320. U. Linse, Ökopax und Anarchie. Eine Geschichte der ökologischen Bewegungen in Deutschland. München 1986.
321. U. Linse, „Der Raub des Rheingoldes". Das Wasserkraftwerk Laufenburg, in: ders. u. a. (Hrsg.), Von der Bittschrift zur Platzbesetzung. Konflikte um technische Großprojekte. Berlin und Bonn 1988, 11–62.
322. C. M. Merki, Der holprige Siegeszug des Automobils 1895–1930. Zur Motorisierung des Straßenverkehrs in Frankreich, Deutschland und der Schweiz. Wien u. a. 2002.

323. W. MRASS, Die Organisation des staatlichen Naturschutzes und der Landschaftspflege im Deutschen Reich und in der Bundesrepublik Deutschland seit 1935, gemessen an der Aufgabenstellung in einer modernen Industriegesellschaft. Stuttgart 1970.
324. H. NEHRING, Cold War, Apocalypse, and Peaceful Atoms. Interpretations of Nuclear Energy in the British and West German Anti-Nuclear Weapons Movements, 1955-1964, in: HSR 29, 3 (2004), 150-170.
325. W. OBERKROME, „Deutsche Heimat". Nationale Konzeption und regionale Praxis von Naturschutz, Landschaftsgestaltung und Kulturpolitik in Westfalen-Lippe und Thüringen (1900-1960). Paderborn u. a. 2004.
326. K. K. PATEL, Neuerfindung des Westens – Aufbruch nach Osten. Naturschutz und Landschaftsgestaltung in den Vereinigten Staaten von Amerika und in Deutschland, 1900-1945, in: AfS 43 (2003), 191-223.
327. J. RADKAU/F. UEKÖTTER (Hrsg.), Naturschutz und Nationalsozialismus. Frankfurt/M. und New York 2003.
328. J. RASCHKE, Soziale Bewegungen. Ein historisch-systematischer Grundriß. Frankfurt/M. und New York 1988.
329. J. RASCHKE. Die Grünen. Wie sie wurden, was sie sind. Köln 1993.
330. J. RASCHKE, Die Zukunft der Grünen. „So kann man nicht regieren". Frankfurt/M. und New York 2001.
331. C. REGIN, Selbsthilfe und Gesundheitspolitik. Die Naturheilbewegung im Kaiserreich (1889 bis 1914). Stuttgart 1995.
332. D. RICHARDSON/C. ROOTES (Hrsg.), The Green Challenge. The Development of Green Parties in Europe. London und New York 1995.
333. T. ROHKRÄMER, Eine andere Moderne? Zivilisationskritik, Natur und Technik in Deutschland 1880-1933. Paderborn u. a. 1999.
334. W. H. ROLLINS, A Greener Vision of Home. Cultural Politics and Environmental Reform in the German Heimatschutz Movement, 1904-1918. Ann Arbor 1997.
335. A. ROME, The Bulldozer in the Countryside. Suburban Sprawl and the Rise of American Environmentalism. Cambridge 2001.
336. C. ROOTES (Hrsg.), Environmental Protest in Western Europe. Oxford und New York 2003.
337. R. ROTH/D. RUCHT (Hrsg.), Neue soziale Bewegungen in der Bundesrepublik Deutschland. Frankfurt/M. und New York 1987.
338. D. RUCHT, Modernisierung und neue soziale Bewegungen. Deutschland, Frankreich und USA im Vergleich. Frankfurt/M. und New York 1994.

339. D. RUCHT/J. ROOSE, Von der Platzbesetzung zum Verhandlungstisch? Zum Wandel von Aktionen und Struktur der Ökologiebewegung, in: D. Rucht (Hrsg.), Protest in der Bundesrepublik. Strukturen und Entwicklungen. Frankfurt/M. 2001, 173–210.
340. W. RÜDDENKLAU, Störenfried. DDR-Opposition 1986–1989. Mit Texten aus den „Umweltblättern". Berlin 1992.
341. K. RUNGE, Entwicklungstendenzen der Landschaftsplanung. Vom frühen Naturschutz bis zur ökologisch nachhaltigen Flächennutzung. Berlin u. a. 1998.
342. F. SCHMOLL, Erinnerung an die Natur. Die Geschichte des Naturschutzes im deutschen Kaiserreich. Frankfurt/M. und New York 2004.
343. R. P. SIEFERLE, Fortschrittsfeinde? Opposition gegen Technik und Industrie von der Romantik bis zur Gegenwart. München 1984.
344. C. SPRETNAK, Die Grünen. Nicht links, nicht rechts, sondern vorne. Die Studie einer amerikanischen Aktivistin über Die Grünen und ein Bericht über grüne Politik in den USA. München 1985.
345. STIFTUNG NATURSCHUTZGESCHICHTE (Hrsg.), Naturschutz hat Geschichte. Essen 2003.
346. N. STOLTZFUS, Public Space and the Dynamics of Environmental Action. Green Protest in the German Democratic Republic, in: AfS 43 (2003), 385–403.
347. D. TROM, Natur und nationale Identität. Der Streit um den Schutz der „Natur" um die Jahrhundertwende in Deutschland und Frankreich, in: E. François/H. Siegrist/J. Vogel (Hrsg.), Nation und Emotion. Deutschland und Frankreich im Vergleich. 19. und 20. Jahrhundert. Göttingen 1995, 147–167.
348. G. TROMMER, Natur im Kopf. Die Geschichte ökologisch bedeutsamer Naturvorstellungen in deutschen Bildungskonzepten. 2. überarb. Aufl. Weinheim 1993.
349. F. UEKÖTTER, Naturschutz im Aufbruch. Eine Geschichte des Naturschutzes in Nordrhein-Westfalen 1945–1980. Frankfurt/M. und New York 2004.
350. F. UEKÖTTER, The Old Conservation History – and the New. An Argument for Fresh Perspectives on an Established Topic, in: HSR 29, 3 (2004), 171–191.
351. F. UEKÖTTER, The Green and the Brown. A History of Conservation in Nazi Germany. Cambridge und New York 2006.
352. F. UEKÖTTER/J. HOHENSEE (Hrsg.), Wird Kassandra heiser? Die Geschichte falscher Ökoalarme. Stuttgart 2004.

353. S. H. WASHINGTON/P. C. ROSIER/H. GOODALL (Hrsg.), Echoes from the Poisoned Well. Global Memories of Environmental Injustice. Lanham, Maryland 2006.
354. M. WETTENGEL, Staat und Naturschutz 1906–1945. Zur Geschichte der Staatlichen Stelle für Naturdenkmalpflege in Preußen und der Reichsstelle für Naturschutz, in: HZ 257 (1993), 355–399.
355. A. M. WINKLER, Life Under a Cloud. American Anxiety About the Atom. Urbana und Chicago 1999.
356. A.-K. WÖBSE, Der Schutz der Natur im Völkerbund. Anfänge einer Weltumweltpolitik, in: AfS 43 (2003), 177–190.
357. T. ZELLER, Straße, Bahn, Panorama. Verkehrswege und Landschaftsveränderung in Deutschland von 1930 bis 1990. Frankfurt/M. und New York 2002.
358. M. ZERBEL, Tierschutz im Kaiserreich. Ein Beitrag zur Geschichte des Vereinswesens. Frankfurt/M. u. a. 1993.
359. J. ZIMMER (Hrsg.), Mit uns zieht die neue Zeit. Die Naturfreunde. Zur Geschichte eines alternativen Verbandes in der Arbeiterkulturbewegung. Köln 1984.

8. Umweltgeschichte der Landwirtschaft

360. V. D. ANDERSON, Creatures of Empire. How Domestic Animals Transformed Early America. Oxford und New York 2004.
361. A. BAUERKÄMPER, Das Ende des Agrarmodernismus. Die Folgen der Politik landwirtschaftlicher Industrialisierung für die natürliche Umwelt im deutsch-deutschen Vergleich, in: Jahrbuch für Geschichte des ländlichen Raumes 3 (2006), 151–172.
362. R. S. BEEMAN/J. A. PRITCHARD, A Green and Permanent Land. Ecology and Agriculture in the Twentieth Century. Lawrence, Kansas 2001.
363. W. BEINART/K. MIDDLETON, Plant Transfers in Historical Perspective. A Review Article, in: Environment and History 10 (2004), 3–29.
364. S. BÖGE, Äpfel. Vom Paradies bis zur Verführung im Supermarkt. Dortmund 2003.
365. J. BÜSCHENFELD, Ausbildung und Beratung in der Landwirtschaft zwischen Tradition, Modernisierung und Umweltschutz. Ein Beitrag zur Agrar-Umweltgeschichte, in: Geschichte im Westen 18 (2003), 29–46.
366. R. W. BULLIET, The Camel and the Wheel. New York 1990.
367. L. W. CARLSON, Cattle. An Informal Social History. Chicago 2001.

368. J. A. CARNEY, Black Rice. The African Origins of Rice Cultivation in the Americas. Cambridge, Mass. und London 2001.
369. A. W. CROSBY, Ecological Imperialism. The Biological Expansion of Europe, 900–1900. Cambridge u. a. 1986.
370. K. DITT/R. GUDERMANN/N. RÜßE (Hrsg.), Agrarmodernisierung und ökologische Folgen. Westfalen vom 18. bis zum 20. Jahrhundert. Paderborn u. a. 2001.
371. A. DIX, „Freies Land". Siedlungsplanung im ländlichen Raum der SBZ und der frühen DDR 1945–1955. Köln u. a. 2002.
372. M. FIEGE, Irrigated Eden. The Making of an Agricultural Landscape in the American West. Seattle und London 1999.
373. S. FOSTER/T. C. SMOUT (Hrsg.), The History of Soils and Field Systems. Aberdeen 1994.
374. R. GUDERMANN, Morastwelt und Paradies. Ökonomie und Ökologie in der Landwirtschaft am Beispiel der Meliorationen in Westfalen und Brandenburg (1830–1880). Paderborn u. a. 2000.
375. J. GUTHMAN, Agrarian Dreams. The Paradox of Organic Farming in California. Berkeley u. a. 2004.
376. G. HARDIN, The Tragedy of the Commons, in: Science 162 (1968), 1243–1248.
377. H. HOBHOUSE, Fünf Pflanzen verändern die Welt. Chinarinde, Zucker, Tee, Baumwolle, Kartoffel. Stuttgart 1987.
378. T. HORN, Bees in America. How the Honey Bee Shaped a Nation. Lexington, Kentucky 2005.
379. S. JANSEN, „Schädlinge". Geschichte eines wissenschaftlichen und politischen Konstrukts 1840–1920. Frankfurt/M. und New York 2003.
380. U. KLUGE, Ökowende. Agrarpolitik zwischen Reform und Rinderwahnsinn. Berlin 2001.
381. M. KURLANSKY, Kabeljau. Der Fisch, der die Welt veränderte. München 2000.
382. J. C. MCCANN, Maize and Grace. Africa's Encounter with a New World Crop, 1500–2000. Cambridge, Mass. und London 2005.
383. J. R. MCNEILL/V. WINIWARTER (Hrsg.), Soils and Societies. Perspectives from Environmental History. Isle of Harris 2006.
384. S. W. MINTZ, Die süße Macht. Kulturgeschichte des Zuckers. Frankfurt/M. und New York 1985.
385. J. RIFKIN, Das Imperium der Rinder. Frankfurt/M. und New York 2001 (urspr. 1992).
386. E. RUSSELL, War and Nature. Fighting Humans and Insects with Chemicals from World War I to *Silent Spring*. Cambridge 2001.

387. E. RUSSELL, Evolutionary History. Prospectus for a New Field, in: Environmental History 8 (2003), 204–228.
388. S. R. SCHREPFER/P. SCRANTON (Hrsg.), Industrializing Organisms. Introducing Evolutionary History. New York und London 2004.
389. J. SEYMOUR/H. GIRARDET, Fern vom Garten Eden. Die Geschichte des Bodens. Kultivierung – Zerstörung – Rettung. Frankfurt/M. 1985.
390. S. STOLL, Larding the Lean Earth. Soil and Society in Nineteenth-Century America. New York 2002.
391. L. STRAUMANN, Nützliche Schädlinge. Angewandte Entomologie, chemische Industrie und Landwirtschaftspolitik in der Schweiz 1874–1952. Zürich 2005.
392. C. B. VALENČIUS, The Health of the Country. How American Settlers Understood Themselves and Their Land. New York 2002.
393. G. VOGT, Entstehung und Entwicklung des ökologischen Landbaus im deutschsprachigen Raum. Bad Dürkheim 2000.
394. K. A. WITTFOGEL, Die orientalische Despotie. Eine vergleichende Untersuchung totaler Macht. Frankfurt/M. u. a. 1977.
395. D. WORSTER, Dust Bowl. The Southern Plains in the 1930s. Oxford und New York 1979.

9. Natur als Gefahr und Risiko

396. G. BANKOFF, Cultures of Disaster. Society and Natural Hazard in the Philippines. London und New York 2003.
397. B. BENNASSAR, Les catastrophes naturelles dans l'Europe médiévale et moderne. Toulouse 1996.
398. A. BORST, Das Erdbeben von 1348. Ein historischer Beitrag zur Katastrophenforschung, in: HZ 233 (1981), 529–569.
399. R. BRÁZDIL/Z. W. KUNDZEWICZ, Special Issue: Historical Hydrology, in: Hydrological Sciences Journal 51,5 (Oktober 2006), 733–985.
400. C. EIFERT, Das Erdbeben von Lissabon 1755. Zur Historizität einer Naturkatastrophe, in: HZ 274 (2002), 633–664.
401. A. EVERS/H. NOWOTNY, Über den Umgang mit Unsicherheit. Die Entdeckung der Gestaltbarkeit von Gesellschaft. Frankfurt/M. 1987.
402. F. M. EYBL/H. HEPPNER/A. KERNBAUER (Hrsg.), Elementare Gewalt. Kulturelle Bewältigung. Aspekte der Naturkatastrophe im 18. Jahrhundert. Wien 2000.
403. M. GISLER/K. HÜRLIMANN/A. NIENHAUS (Hrsg.), Naturkatastrophen/Catastrophes naturelles. Zürich 2003.

404. R. GLASER, Klimageschichte Mitteleuropas. 1000 Jahre Wetter, Klima, Katastrophen. Darmstadt 2001.
405. D. GROH/M. KEMPE/F. MAUELSHAGEN (Hrsg.), Naturkatastrophen. Beiträge zu ihrer Deutung, Wahrnehmung und Darstellung in Text und Bild von der Antike bis ins 20. Jahrhundert. Tübingen 2003.
406. S. M. HOFFMAN/A. OLIVER-SMITH (Hrsg.), Catastrophe and Culture. The Anthropology of Disaster. Santa Fe und Oxford 2002.
407. M. JAKUBOWSKI-TIESSEN, Sturmflut 1717. Die Bewältigung einer Naturkatastrophe in der Frühen Neuzeit. München 1992.
408. M. JAKUBOWSKI-TIESSEN/H. LEHMANN (Hrsg.), Um Himmels Willen. Religion in Katastrophenzeiten. Göttingen 2003.
409. A. JOHNS (Hrsg.), Dreadful Visitations. Confronting Natural Catastrophe in the Age of Enlightenment. New York und London 1999.
410. M. KEMPE/C. ROHR (Hrsg.), Coping with the Unexpected. Natural Disasters and their Perception. Isle of Harris 2003.
411. E. LE ROY LADURIE, Histoire du climat depuis l'an mil. Paris 1967.
412. E. LE ROY LADURIE, Histoire humaine et comparée du climat. Bd. 1: Canicules et glaciers XIIIe–XVIIIe siècle. Paris 2004.
413. U. LÜBKEN, Zwischen Alltag und Ausnahmezustand. Ein Überblick über die historiographische Auseinandersetzung mit Naturkatastrophen, in: Werkstatt Geschichte 38 (2004), 91–100.
414. G. MASSARD-GUILBAUD/H. L. PLATT/D. SCHOTT (Hrsg.). Cities and Catastrophes. Coping with Emergency in European History/Villes et catastrophes. Réactions Face à l'urgence dans l'histoire européenne. Frankfurt/M. u. a. 2002.
415. D. MEIER, Land unter! Die Geschichte der Flutkatastrophen. Ostfildern 2005.
416. J. NUSSBAUMER, Die Gewalt der Natur. Eine Chronik der Naturkatastrophen von 1500 bis heute. Grünbach 1996.
417. A. OLIVER-SMITH, Peru's Five-Hundred-Year Earthquake. Vulnerability in Historical Context, in: ders./S. M. Hoffman (Hrsg.), The Angry Earth. Disaster in Anthropological Perspective. New York und London 1999, 74–88.
418. C. PERROW, Normale Katastrophen. Die unvermeidlichen Risiken der Großtechnik. Frankfurt/M. und New York 1987.
419. C. PFISTER, Das Klima der Schweiz von 1525–1860 und seine Bedeutung in der Geschichte von Bevölkerung und Landwirtschaft. 2 Bde. Bern 1984.

420. C. PFISTER, Wetternachhersage. 500 Jahre Klimavariationen und Naturkatastrophen (1496–1995). Bern u. a. 1999.
421. C. PFISTER, Klimawandel in der Geschichte Europas. Zur Entwicklung und zum Potenzial der Historischen Klimatologie, in: Österreichische Zeitschrift für Geschichtswissenschaft 12,2 (2001), 7–43.
422. C. PFISTER (Hrsg.), Am Tag danach. Zur Bewältigung von Naturkatastrophen in der Schweiz 1500–2000. Bern u. a. 2002.
423. C. PFISTER/S. SUMMERMATTER (Hrsg.), Katastrophen und ihre Bewältigung. Perspektiven und Positionen. Bern u. a. 2004.
424. A. RANFT/S. SELZER (Hrsg.), Städte aus Trümmern. Katastrophenbewältigung zwischen Antike und Moderne. Göttingen 2004.
425. A. SCHMIDT, „Wolken krachen, Berge zittern, und die ganze Erde weint...". Zur kulturellen Vermittlung von Naturkatastrophen in Deutschland 1755 bis 1855. Münster u. a. 1999.
426. T. STEINBERG, Acts of God. The Unnatural History of Natural Disaster in America. Oxford und New York 2000.

10. Methodenprobleme der Umweltgeschichte

427. D. BLACKBOURN, A Sense of Place. New Directions in German History. The 1998 Annual Lecture of the German Historical Institute London. London 1999.
428. W. CRONON (Hrsg.), Uncommon Ground. Rethinking the Human Place in Nature. New York und London 1995.
429. E. LE ROY LADURIE, Un concept: L'Unification microbienne du Monde (XIVe–XVIIe siècles), in: SZG 23 (1973), 627–696.
430. P. LEIDINGER, Umwelterziehung im Geschichtsunterricht, in: J. Calließ/R. E. Lob (Hrsg.), Handbuch Praxis der Umwelt- und Friedenserziehung. Bd. 2: Umwelterziehung. Düsseldorf 1987, 281–292.
431. K. POLANYI, The Great Transformation. The Political and Economic Origins of Our Time. Boston 2001 (urspr. 1944).
432. J. M. POWELL, Historical Geography and Environmental History. An Australian Interface, in: Journal of Historical Geography 22 (1996), 253–273.
433. J. RADKAU, Unausdiskutiertes in der Umweltgeschichte, in: M. Hettling u. a. (Hrsg.), Was ist Gesellschaftsgeschichte? Positionen, Themen, Analysen. München 1991, 44–57.
434. R. P. SIEFERLE, Die Grenzen der Umweltgeschichte, in: Gaia 2, 1 (1993), 8–21.

435. M. E. SOULÉ/G. LEASE (Hrsg.), Reinventing Nature? Responses to Postmodern Deconstruction. Washington und Covelo 1995.
436. D. R. WEINER, A Death-Defying Attempt to Articulate a Coherent Definition of Environmental History, in: Environmental History 10 (2005), 404–420.
437. R. WHITE, The Nationalization of Nature, in: JAmH 86 (1999), 976–986.

Register

Personenregister

ABELSHAUSER, W. 41, 46
Addams, Jane 68
Adickes, Franz 17
ADRIAANSE, A. 59
Albrecht, Ernst 34
ALLMANN, J. 52
Alpers, Friedrich 24
ANDERSEN, A. 57, 63, 76
ANDERSON, V. D. 83
APPLEGATE, C. 69
AUSTER, R. 78f

BÄTZING, W. 42
BANKOFF, G. 86
BARLÖSIUS, E. 72
BAUERKÄMPER, A. 83
BAYERL, G. 41f, 46, 60
BECK, R. 42
BEEMAN, R. S. 81
BEHRENS, H. 41, 78f
BEINART, W. 83
Bentham, Jeremy 12
BERG, W. 79
BERGMEIER, M. 66, 74
BERNDT, H. 64
BERNHARDT, C. 67
BESS, M. 44
BIRKENFELD, R. 62
BLACKBOURN, D. 42, 58
BOA, E. 70
BODE, W. 55
BÖGE, S. 82
BÖHME, G. 47
BÖHME, H. 47
BORST, A. 84
BOWLER, P. J. 47
BRAMWELL, A. 70
BRANDT, K.-W. 77
Brandt, Willy 31
BRAUDEL, F. 4, 41
BRÁZDIL, R. 85
BRIMBLECOMBE, P. 41
BRÜGGEMEIER, F.-J. 40–42, 47, 54, 62f, 66, 70, 76
BRUNNER, K. 41
BUCHHOLZ, K. 72
BUCHNER, J. 50
BÜSCHENFELD, J. 64, 83
BULLIET, R. W. 82

CALLIESS, J. 41, 60
Camus, Albert 92
CARLSON, L. W. 82
CARNEY, J. A. 82
Carson, Rachel 31, 83
CARTMILL, M. 55
CHAPELLE, F. 67
Cioc, M. 42
CLAPP, B. W. 44
COATES, P. 46
CONFINO, A. 70
CORBIN, A. 47
Cottrell, Frederick 25
CRONON, W. 59
CROSBY, A. W. 83

Darré, Richard Walther 70
DAUM, A. 72
DEBEIR, J.-C. 61
DELÉAGE, J.-P. 61
DELORT, R. 49
DEMANDT, A. 55
DERRY, M. E. 49
DIAMOND, J. 43
DIENEL, H.-L. 50
DINÇKAL, N. 65, 67
DINZELBACHER, P. 49
DITT, K. 73, 80
DIX, A. 65, 79f

Ehrlich, Paul 12
EIFERT, C. 84
EMMERT, E. 55
ENGELS, J. I. 50, 71, 74, 76f
ERNST, C. 53f
EVANS, D. 44
EVANS, R. J. 65
EVERS, A. 87
EYBL, F. M. 85

FALTER, J. W. 78
FIEGE, M. 81
FISCHER-KOWALSKI, M. 59f
FLEMMING, W. 90
FORTER, M. 62f
FOSTER, S. 81
FRAUNHOLZ, U. 72
FREYTAG, N. 53f
Friedrich II. 7
FRILLING, H. 66

GALL, A. 58
Genscher, Hans-Dietrich 33, 74
GENSICHEN, H.-P. 79
GILHAUS, U. 63
GIRARDET, H. 81
GISLER, M. 85
GISSIBL, B. 55
GLACKEN, C. J. 46
GLASER, R. 85
GLOY, K. 46
Göring, Hermann 24, 27f
GOODBODY, A. 75
GOTTLIEB, R. 68
GREWE, B.-S. 53
GRIEGER, M. 67
GRÖNING, G. 70
GROH, D. 85
GROSS, M. 47
Gruhl, Herbert 32
Grzimek, Bernhard 50
GUDERMANN, R. 79–81
GUTHMAN, J. 81

HABERL, H. 59
HADAMCZYK, P. 64
Hähnle, Lina 72
HAHN, S. 41, 60
HARDIN, G. 79
HARDY, A. I. 65
HARRIS, M. 43
HASEL, K. 55
HECHT, G. 58
HÉMERY, D. 61
HENNEKING, R. 63
HENSELING, K. O. 63
HERMAND, J. 50
HEYLL, U. 72
HEYMANN, M. 58
Himmler, Heinrich 28
HÖGSELIUS, P. 58
HÖSEL, G. 66
HOFFMAN, S. M. 85f
HOHENSEE, J. 92
HOHNHORST, M. VON 55
Honnef, Hermann 58
HORN, T. 82
HOROWITZ, R. 82
HOSKINS, W. G. 41
Howard, Ebenezer 18
HUCHTING, F. 60
HÜNEMÖRDER, K. F. 74
HÜTTENBERGER, P. 63
Humboldt, Alexander von 12

IMORT, M. 54
INGLEHART, R. 75

JÄGER, H. 40
JAKUBOWSKI-TIESSEN, M. 84
JANSEN, S. 83
JOHLER, R. 50, 73
JONES, M. E. 79
JONES, S. D. 49
JÜTTE, R. 72
JUNG, M. 62

KAMPHERM, R. 64
KEMPE, M. 85
KERBS, D. 70, 72
Keudell, Walter von 24
KIRCHNER, U. 58
KLEIN, M. 75, 78
KLEINERT, H. 78
KLENKE, D. 76
KLUGE, U. 83
KNAUT, A. 69
KNOLL, M. 55
Koch, Robert 16, 65
KÖNIG, W. 60
KÖSTERING, S. 60, 66, 72
KRABBE, W. R. 72
KRAUSMANN, F. 59
KRECH, S. 44
KUCHENBUCH, L. 60
KÜSTER, H. 41, 56
KUNDZEWICZ, Z. W. 85
KUPPER, P. 58
KURLANSKY, M. 48, 82

LADWIG, R. 60
Lawaczek, Franz 25
LE ROY LADURIE, E. 43, 85
LEH, A. 74
LEHMANN, A. 55
LEIDINGER, P. 89
LEKAN, T. M. 71
LENZ, G. 42
Lessing, Theodor 20
LIEBMANN, H. 43
LINSE, U. 69, 72
LÜBKEN, U. 84

Malthus, Thomas Robert 11
MANTEL, K. 55
MARQUARDT, B. 40
MASSARD-GUILBAUD, G. 44, 67, 85
MAXEINER, D. 91
MAYER-TASCH, P. C. 43

Personenregister

MAZUR, A. 66
MCCANN, J. C. 82
MCNEILL, J. R. 6, 43f, 81
MEADOWS, D. 56
MEIER, D. 84
MELOSI, M. V. 65
MENER, G. 58
MERCHANT, C. 44–46
MERGEN, B. 48
MERKI, C. M. 72f
MEYER, T. 46
Meyer-Abich, Klaus Michael 35
MIDDLETON, K. 83
MIECK, I. 62f, 67
MIERSCH, M. 91
MILLER, C. 45
MINTZ, S. W. 48, 82
MISCHER, O. 66
Möller, Erwin 25
MOHAJERI, S. 65, 67
MRASS, W. 70
MÜNCH, P. 49, 65
Münker, Wilhelm 54
MUMFORD, L. 90

NASH, R. 46
NAST, M. 60
NEHRING, H. 75
NELSON, A. 55
NOWOTNY, H. 87
NUSSBAUMER, J. 84

OBERKROME, W. 69–71, 73, 80
OLIVER-SMITH, A. 85f
OPIE, J. 45
ORLAND, B. 82

Packard, Vance 29
PALFREYMAN, R. 70
PATEL, K. K. 73
PAUL, J. 65
Pausewang, Gudrun 35
PEMBERTON, S. 82
PERROW, C. 87
Pettenkofer, Max von 65
PFISTER, C. 40f, 57, 76, 85f
PICHOL, K. 60
PIERETH, W. 53
POLANYI, K. 90f
PONTING, C. 43
POPPLOW, M. 46
POT, J. H. J. VAN DER 46
POTT, R. 41
POWELL, J. M. 89

PRITCHARD, J. A. 81
PYNE, S. J. 48

Raabe, Wilhelm 19
RACKHAM, O. 41
RADKAU, J. 22, 42–44, 51–53, 56f, 70f, 73
RANFT, A. 85
RASCHKE, J. 77f
Reagan, Ronald 35
REGIN, C. 72
REICHERT, M. 58
REID, D. 66
REINHARD, W. 40
REISNER, M. 58
REITH, R. 41, 60
REULECKE, J. 70, 72
RHEINHEIMER, M. 49
RICHARDS, J. F. 45
RICHARDSON, D. 78
Riehl, Wilhelm Heinrich 12
RIFKIN, J. 82
RITVO, H. 49
RÖSENER, W. 55
ROHKRÄMER, T. 69
ROHR, C. 85
ROLLINS, W. H. 70
ROME, A. 76
ROMMELSPACHER, T. 41, 62f, 66, 91
ROOSE, J. 77
ROOTES, C. 77f
ROTH, R. 77
ROTHFELS, N. 49
RUBNER, H. 54–56
RUCHT, D. 77
RÜB, R. 66
RÜDDENKLAU, W. 78
RUNGE, K. 74
RUSSELL, E. 82f

Said, Edward 86
SAUL, K. 66
SCHÄFER, I. 52, 56
SCHAMA, S. 48
SCHENK, W. 56
SCHLOTTAU, K. 67
Schmidt, Helmut 33
SCHMOLL, F. 69f
SCHNEIDER, P. 41
SCHOTT, D. 66
SCHRAMM, E. 43, 47, 66
SCHREPFER, S. R. 82
SCHRIEWER, K. 55

SCHUMACHER, M. 67
Schwab, Günther 32
SCHWARTZ, E. 54
SCOLA, R. 59
SCRANTON, P. 82
Seifert, Alwin 27f, 71
SELTER, B. 52
SELZER, S. 85
SEYMOUR, J. 81
SHEAIL, J. 44
SIEFERLE, R. P. 47, 59–62, 69, 89
Sielmann, Heinz 50
SIEMANN, W. 41, 54
SIMMONS, I. G. 44
SIMON, C. 41, 67
SMOUT, T. C. 81
Sörgel, Hermann 58
SOMBART, W. 51
SPEICH, D. 50
SPELSBERG, G. 62f
SPIEGELBERG, F. 63
SPRETNAK, C. 78
STEINBERG, T. 45, 87
Steiner, Rudolf 24
Stern, Horst 50
STINE, J. K. 67
Stöckhardt, Julius 10
STOLBERG, M. 63, 67
STOLL, S. 81
STOLTZFUS, N. 79
STRASSER, S. 66
STRAUMANN, L. 83
SUMMERMATTER, S. 85

TAL, A. 45
TARR, J. A. 62, 66f
THOMAS, K. 48
THOMAS, W. L. 90
TIGGEMANN, A. 58
TOYKA-SEID, M. 42, 88
TREPL, L. 47
TRINDER, B. 41

TROITZSCH, U. 42
TROM, D. 73
TROMMER, G. 72
Tulla, Johann Gottfried 13, 42

UEKÖTTER, F. 41, 64, 67, 70f, 73f, 92

VALENČIUS, C. B. 81
VOGT, G. 81

WALL, D. 43
WALTER, F. 45
WALTER, P. 80
WALZ, R. 49
WARREN, L. S. 45
WASHINGTON, S. H. 77
WEINBERGER, E. 53
WEINER, D. R. 44, 89
WEISKER, A. 58
WENGENROTH, U. 61
WEY, K.-G. 40, 70
WHITE, L. 46
WHITE, R. 44, 58
WHITED, T. L. 44
Wiepking-Jürgensmann, Heinrich 28
WILDI, T. 58
WILLIAMS, J. C. 61
WINES, R. A. 66
WINIWARTER, V. 43, 59, 81
WINKLER, A. M. 75
WITTFOGEL, K. A. 81
WÖBSE, A.-K. 72f
WOLSCHKE-BULMAHN, J. 70
WORSTER, D. 47, 79

YERGIN, D. 57

ZELLER, T. 71
ZERBEL, M. 50, 72
ZIMMER, J. 72
ZIMRING, C. A. 60
ZUNDEL, R. 54

Ortsregister

Aberfan 13
Afrika 55, 82, 84
Alpen 21, 31, 42, 86
Anhalt 26
Antarktis 34
Australien 89

Bad Homburg 41
Baden 34
Bamberg 10, 13
Basel 34, 41
Bayern 13, 21, 31, 55, 74
Belgien 89
Berlin 8, 11, 16, 18, 65f
Bern 40
Bielefeld 25
Bochum 18
Brandenburg 79
Braunschweig 19
Bremen 7
Brokdorf 34
Buschhaus 34

Chicago 59
Columbia River 58

Dresden 17

Ebersberg 42
Eifel 53
Emscher 19
England 12, 16f, 35, 49, 59, 61
Essen 14
Euskirchen 65

Frankfurt 16–18, 34
Frankreich 11, 35, 41, 44, 47, 58, 62, 66, 73

Galveston 13
Gelsenkirchen 10
Gibraltar 58
Göttingen 40
Gorleben 34
Grohnde 34
Großbritannien 12f, 16–18, 31, 35, 39, 41, 44, 49, 59, 81
Gymnich 33

Hamburg 10, 13f, 18, 41, 49, 65f
Harz 8
Helmstedt 34

Herne 25
Hessen 21, 26
Hunsrück 53

Israel 45
Istanbul 65

Kalifornien 25, 61, 81
Kalkar 34
Köln 18
Königswinter 13
Kuchenheim 65
Kyoto 37

Laufenburg 22, 69
Linth 50
Lippe 26, 52, 69, 73
Lissabon 84
Loccum 41
Lüneburger Heide 18, 21

Mainau 32
Manchester 59
Mangfalltal 16
Mittelmeer 58
Montreal 37
München 16, 18, 21, 65
Münster 18, 64

New York (Bundesstaat) 66
Niederbayern 53
Niederlande 13, 27, 39, 46
Niederrhein 34
Niedersachsen 34
Nordrhein-Westfalen 74, 91
Nordsee 41, 84

Oberbayern 42, 53
Oberpfalz 34
Oberschlesien 14
Oderbruch 7, 42
Österreich 21, 40f, 59
Ostafrika 55
Osteuropa 28
Ostsee 41

Paris 66
Peru 86
Pfalz 52f, 69
Philippinen 86
Portugal 84
Preußen 11, 16, 18, 20f, 26f, 62, 69

Rhein 13, 34, 42, 69
Rheinland 71
Rio de Janeiro 32
Ruhr 10
Ruhrgebiet 11, 13f, 16, 19f, 25f, 31, 63
Rur 65
Russland 44

Sachsen 8
Sauerland 16, 52
Schwarzwald 31
Schweiz 34, 40f, 45, 50, 57f, 73, 82, 85f
Seveso 34
Sieg 65
Siegerland 54
Sowjetunion 44
Spanien 84
Stettin 18
Stockholm 32
Stuttgart 12, 21
Südoldenburg 30

Texas 13
Tharandt 8, 10
Thüringen 8, 69, 73
Tschernobyl 34

USA 13, 17, 25, 29, 31–33, 35, 39, 45f, 58–61, 65–68, 75f, 79, 81–83, 87

Vogelsberg 16

Wackersdorf 34
Wales 13
Wernigerode 8
Weser 31
Westfalen 26, 52, 63, 69, 73, 79
Wien 41, 59
Wolfsburg 67
Wutach 31
Wyhl 34

Zillbach 8

Sachregister

1950er Syndrom 57, 76

Abfall 17, 29, 60, 66
Akademie für deutsches Recht 26
Allmenden 7, 79
Alternativer Landbau 24, 81
Altersklassenwald 24
Altpapier 60
Altständisches Bürgertum 10
American Society for Environmental History 39
Annales-Schule 44
Anthroposophie 70
Anthropozentrik 3, 12, 89
Antilärm-Verein 20f
Antisemitismus 21, 70
Arbeiter 66, 81
Arbeiterbewegung 21, 72, 76
Arbeitsgemeinschaft Heimatschutz Schwarzwald 31
Armenfürsorge 54
Artensterben 1
Atlantropaprojekt 58
Atomkraft 1, 15, 33–35, 38, 57f, 75, 77
Ausschuss zur Rettung des Laubwaldes 54

Autarkie 24, 60
Autoabgase 33f
Autobahnbau 27, 71
Automobil 28f, 33f, 72f, 76

Bamberger Hain 13
Bauernbefreiung 7
Bergbau 9, 36
Bevölkerungsentwicklung 11f
Bewässerung 58, 79–81
Bibliographien 43
Bienen 82
Biodiversität 2f, 7, 80
Biologieunterricht 72
Biologisch-dynamische Landwirtschaft 24
Biozentrik 3, 12, 89
Blauer Himmel über der Ruhr 31f
Bleiemissionen 29, 33
Boden 23, 30, 66, 74, 81
Bodenreform 80
Brache 7
Braunkohle 15, 36, 42
BSE 38, 83
Buchreihen 39f
Bürgerinitiativen 33, 74
Bund für Vogelschutz 21, 33, 72f

Sachregister

Bund Heimatschutz 21, 69
Bund Naturschutz in Bayern 21
Bundesministerium des Innern 33
Bundesverband Bürgerinitiativen Umweltschutz 33

CDU 32, 34
Chemische Industrie 19, 23f, 34, 36, 58, 63, 83
Cholera 9f, 14, 16, 65
Christentum 46
Club of Rome 56

Dampfmaschine 14
Darwinismus 47
Dauerwaldkonzept 24, 54
DDR 29, 35f, 41, 55, 58, 78–80
DDT 67
Demographie 11f
Deregulierung 38
Desertifikation 1
Determinismus, Ökologischer 43, 85
Deutscher Rat für Landespflege 32, 74
Deutscher Verein für öffentliche Gesundheitspflege 18
Dioxin 34
Drachenfels 13
Düngung 7, 23, 30, 66, 80
Dust Bowl 79

Earth Day 32
Earth First! 35
Eigenlogik der Natur 3
Eisenbahn 8, 13, 18, 29
Elektrofilter 25
Energie 7f, 14f, 24f, 28f, 37f, 51, 56–62
Enteignungen 27
Entschädigungen 10
Erdbeben 84, 86
Erdgas 15
Erdöl 15, 28, 57, 59
Erosion 1, 74
Europäische Union 37
Europäisches Naturschutzjahr 32
Europarat 32
European Society for Environmental History 39, 43
Evangelische Kirche 12, 36, 79
Evolutionary History 49, 82
Extensive Landbewirtschaftung 7, 30, 83

Fabrikviertel 17
Fauna-, Flora-, Habitat-Richtlinie 37
Feinstaub 1, 37
Feuer 48
Fichten 9, 24
Filtertechnik 25f
Fisch 82
Flächenverbrauch 18
Flüsse 13, 21, 31, 34, 42, 50, 65
Flugasche 25
Fluorchlorkohlenwasserstoffe 37
Flurbereinigung 7, 30, 80
Forest History Society 43
Forschungsüberblicke 43, 56
Forstgeschichte 4, 51–56
Forstwissenschaft 8, 10, 51
Frauenbewegung 76
Friedensbewegung 31, 36, 76

Gartenbau 82
Gartenstadt 18
Generalplan Ost 28
Generationalität 33, 75
Gentechnik 35
Geometrisierung der Landschaft 13
Geruch 47
Geschlecht 46
Gesellschaft für Natur und Umwelt 36, 79
Gewerbeordnung 11, 17, 19
Giftmüll 66
Great Transformation 90–92
Greenpeace 35, 92
Grenzen des Wachstums 56
Großstadtverwaltungen 15–18, 65
Grüne Charta von der Mainau 32
Grünen, Die 34–36, 77f, 91
Grundwasser 30, 37
Guano 7
Gutsherrschaft 11

Hagenbecks Tierpark 49
Haubergwirtschaft 54
Heimatbegriff 69
Heimatschutz 21f, 31f, 68–71, 73
Hexenmythos 49
Historische Geographie 40
Holzkohle 9, 54
Holznot 8f, 15, 51–54, 57, 61
Hühnerhaltung 30, 82
Hüttenwerke 8, 10, 20, 51, 63

Hunde 49f, 82
Hydraulische Gesellschaften 42, 81
Hygienebewegung 9, 16–19, 64f

Ideengeschichte 4, 43, 45–50, 90
Indianer 83
Industrie 7–11, 14f, 17–20, 26, 37, 63–67, 91
Ingenieure 50
Institut für Umweltgeschichte und Regionalentwicklung 79
Intergovernmental Panel on Climate Change 85
Internationaler Verein gegen Verunreinigung der Flüsse, des Bodens und der Luft 64

Jagd 27, 48f, 52, 54f
Journalisten 31
Juden 21, 60

Kaliindustrie 64
Kamel 82
Kanalisation 16f, 22, 64f
Katastrophenkulturen 86
Kläranlagen 17, 31
Kleingärten 18
Klimageschichte 84f
Klimapolitik 68
Klimawandel 1, 34, 37, 85
Knechtsand 31
Kolonialismus 45, 55
Konservativismus 32, 68
Konsumgesellschaft 28–30, 57, 61, 75f
Kontagionisten 65
Kraftwerke 25, 33f, 69
Kreislaufideal 7, 47
Kriegswirtschaft 24f
Kühe 82
Kulturanthropologie 40, 73, 86
Kulturgeschichte 45, 47f, 55, 58, 66f, 73, 75, 82
Kulturlandschaft 5, 41f, 71
Kunstgeschichte 48
Kunststoff 29, 60
Kyoto-Protokoll 37

Lärm 10, 20f, 47, 66
Landarbeiter 81
Landesanstalt für Wasser-, Boden- und Lufthygiene 20
Landschaftsbild 13, 30, 41f, 48, 71
Landschaftsmalerei 48

Landschaftspflege 27f, 69–72, 90
Landschaftsplanung 70, 74, 80
Landschaftsschutz 26f
Landschaftstage 35f, 79
Landwirtschaft 2, 7f, 10, 13f, 21–24, 30, 34f, 37f, 52, 54, 58f, 66, 70, 79–83, 90
Laufenburger Stromschnellen 22
Lebensreformbewegung 21, 35, 72
Lebensstil 29f, 35, 38, 57, 75f
Longue durée 4
Love Canal 66
Luftfahrt 30, 34, 37
Luftverschmutzung 2, 10f, 14, 19f, 22, 25f, 31, 33f, 62–64, 74, 90

Mais 82f
Massenmotorisierung 28f, 33f, 76
Massentierhaltung 30, 82
Medizin 9, 16, 21, 49, 65, 72, 82
Meeresküste 47
MEFA-Ansatz 59f
Meliorationen 50, 79f
Merkantilismus 8, 51
Miasmatheorie 16, 65
Militär 31, 36, 82f
Mineralwasser 67
Moorkultivierung 7, 42, 80
Montrealer Protokoll 37
Müllabfuhr 17, 66
Müllverbrennung 66

NABU 33
Nadelwald 24
Naherholungsgebiete 18, 74
Nationalisierung der Natur 44, 50, 55
Nationalismus 13
Nationalsozialismus 21, 24–27, 54, 58, 60, 68, 70–73, 80
Nationalstaat 6
Naturfreunde 21, 72
Naturheilkunde 21, 72
Naturkatastrophen 13, 84–87
Naturkunde 12, 72
Naturschutz 7, 12f, 21f, 26–28, 32, 36f, 55, 68–74, 90
Naturschutzgebiete 13, 26f, 36f, 71
Neue Soziale Bewegungen 76f
Niedergangsparadigma 4f
Nitrat 37

Obstanbau 82

Sachregister

Ödlandkultivierung 7
Öffentliches Recht 11
Ökologie 47
Ökonomisierung der Natur 46
Ökosteuer 37f
Ölpreisschock 33
Ozonloch 34, 37

Papierherstellung 60
Parkanlagen 18
Parteien 32, 34–37, 71, 73, 77f
Periodisierungen 4
Pestizide 30f, 67, 83
Pferde 8, 49f, 82
Planungseuphorie 32, 80
Politikwissenschaft 76–78
Postmaterialismus 75f
Protestantismus 12, 36, 79
Protestformen 32, 34, 36, 74

Quellenbände 42f

Rassismus 69f
Rauchplage 1, 25
Rauchschäden 10f, 20
Recycling 60f, 66
Regenerative Energien 15, 25, 31, 38, 58, 69
Reichsarbeitsdienst 28
Reichsbund für Vogelschutz 73
Reichsforstamt 24, 27
Reichskommissariat für die Festigung des deutschen Volkstums 28
Reichsnährstand 26
Reichsnaturschutzgesetz 27, 71
Reis 82
Religion 12, 36, 46, 79, 87
Ressourcenverbrauch 14, 28f, 51, 56–62, 75f
Rheinisch-Westfälisches Kohlensyndikat 25
Rieselfelder 17
Rinder 8, 49, 82
Risiko 84–87
Risikosoziologie 86f
Romane 19, 50
Romantik 12
Ruhrtalsperrenverein 16

Saatgutindustrie 30, 82
Salinen 8, 51
Salz 48
Sandoz 34
Schädlingsbekämpfung 21, 30, 83

Schnee 48
Schneller Brüter 34
Schrotthandel 60
Schwefelemissionen 10, 29, 33
Schweine 9, 82
Schwemmkanalisation 16f, 22, 64f
Search for the Ultimate Sink 62, 66
Siedlungsverband Ruhrkohlenbezirk 26
Sklaven 82
Society for the Prevention of Cruelty to Animals 12
Sonnenenergie 58
Sozialdemokratie 21, 72
Soziale Ungleichheit 10, 53f, 65, 76f, 87
SPD 34, 78
Staatliche Stelle für Naturdenkmalpflege in Preußen 21
Stadthygiene 9f, 15–20, 22, 61–67
Stadtplanung 17
Startbahn West 34
Staubtechnik 25f
Steinkohle 9, 15, 25, 28, 59, 61
Stickoxide 29
Straßenbau 13, 27–29, 71, 76
Sturmfluten 13, 84, 86
Suburbanisierung 29, 76
Symbolische Politik 74

Talsperren 16, 42
Themen der Umweltgeschichte 2
Tiere 8, 12, 21, 30, 48–50, 55, 81–83
Tierquälerei 12, 48
Tierschutz 12, 21, 35, 48–50, 72
Tierversuche 21
Tourismus 30, 69, 74
Tragödie der Allmende 79
Traktoren 23, 30
Transfer von Tier- und Pflanzenarten 82f
Treibhauseffekt 34, 37
Trinkwasser 1, 16, 19, 37, 64f
Typhus 10, 14

Überschwemmungen 13
Umweltbegriff 1
Umweltbewegung 2, 12, 14, 28, 30–39, 45f, 50, 57, 62, 68, 72–79, 87, 91f
Umweltpolitik 30–33
Umweltrecht 11f, 19–21, 26f, 31, 33, 36–38, 40
Umweltsoziologie 47

Umwelttechnik 25f
Umweltwissenschaften 47
Uranbergbau 36

Vegetarismus 21, 48
Verein Deutscher Ingenieure 26, 31, 63
Verein Naturschutzpark 21, 74
Vereinte Nationen 32, 37, 85
Verkehrspolitik 76
Vernetzung der Stadt 65f
Verschönerungsvereine 12, 69
Versicherungen 87
Versuchs- und Prüfanstalt für Wasserversorgung und Abwässerbeseitigung 20
Vogelschutz 21, 31, 33, 50, 69, 72f
Volkswagenwerk 67
Vulkane 86
Vulnerabilität 86

Wärmewirtschaft 24f
Wald 8–10, 13–15, 20f, 24, 34, 51–56, 59
Waldgewerbe 53
Waldsterben 34f, 62
Waldweide 8
Wandelbarkeit der Natur 5
Wandervogel 21

Wasserbau 13, 42, 50, 58
Wasserklosett 17
Wasserkraft 15, 25, 31, 58, 69
Wasserverschmutzung 2, 17–19, 26, 30f, 34, 37, 63–65, 90
Weltbank 37
Weltgeschichte 43f
Wertewandel 75f
Werwolfglaube 49
Westwind 17
Wiederaufarbeitungsanlagen 34
Wildnis 5, 46, 48
Windenergie 15, 25, 58
Wirbelstürme 13, 86
Wissenschaft 10, 20, 25f, 31f, 46f, 63f, 72, 74, 80
Wölfe 49
Wutachschlucht 31

Zeitschriften 39–41
Zellstofffabriken 19, 60
Zersiedelung 29
Zivilrecht 11
Zonenbauordnung 17
Zoologische Gärten 49
Zucker 48, 82
Zuckerrohr 82
Zuckerrübenfabriken 19
Zweiter Weltkrieg 28

Enzyklopädie deutscher Geschichte
Themen und Autoren

Mittelalter

Agrarwirtschaft, Agrarverfassung und ländliche Gesellschaft im Mittelalter (Werner Rösener) 1992. EdG 13
Adel, Rittertum und Ministerialität im Mittelalter (Werner Hechberger) 2004. EdG 72
Die Stadt im Mittelalter (Frank Hirschmann)
Die Armen im Mittelalter (Otto Gerhard Oexle)
Frauen- und Geschlechtergeschichte des Mittelalters (Hedwig Röckelein)
Die Juden im mittelalterlichen Reich (Michael Toch) 2. Aufl. 2003. EdG 44

Gesellschaft

Wirtschaftlicher Wandel und Wirtschaftspolitik im Mittelalter (Michael Rothmann)

Wirtschaft

Wissen als soziales System im Frühen und Hochmittelalter (Johannes Fried)
Die geistige Kultur im späteren Mittelalter (Johannes Helmrath)
Die ritterlich-höfische Kultur des Mittelalters (Werner Paravicini) 2. Aufl. 1999. EdG 32

Kultur, Alltag, Mentalitäten

Die mittelalterliche Kirche (Michael Borgolte) 2. Aufl. 2004. EdG 17
Mönchtum und religiöse Bewegungen im Mittelalter (Gert Melville)
Grundformen der Frömmigkeit im Mittelalter (Arnold Angenendt) 2. Aufl. 2004. EdG 68

Religion und Kirche

Die Germanen (Walter Pohl) 2. Aufl. 2004. EdG 57
Die Slawen in der deutschen Geschichte des Mittelalters (Thomas Wünsch)
Das römische Erbe und das Merowingerreich (Reinhold Kaiser) 3., überarb. u. erw. Aufl. 2004. EdG 26
Das Karolingerreich (Klaus Zechiel-Eckes)
Die Entstehung des Deutschen Reiches (Joachim Ehlers) 2. Aufl. 1998. EdG 31
Königtum und Königsherrschaft im 10. und 11. Jahrhundert (Egon Boshof) 2. Aufl. 1997. EdG 27
Der Investiturstreit (Wilfried Hartmann) 3., überarb. u. erw. Aufl. 2008. EdG 21
König und Fürsten, Kaiser und Papst nach dem Wormser Konkordat (Bernhard Schimmelpfennig) 1996. EdG 37
Deutschland und seine Nachbarn 1200–1500 (Dieter Berg) 1996. EdG 40
Die kirchliche Krise des Spätmittelalters (Heribert Müller)
König, Reich und Reichsreform im Spätmittelalter (Karl-Friedrich Krieger) 2., durchges. Aufl. 2005. EdG 14
Fürstliche Herrschaft und Territorien im späten Mittelalter (Ernst Schubert) 2. Aufl. 2006. EdG 35

Politik, Staat, Verfassung

Frühe Neuzeit

Gesellschaft — Bevölkerungsgeschichte und historische Demographie 1500–1800 (Christian Pfister) 2. Aufl. 2007. EdG 28
Umweltgeschichte der Frühen Neuzeit (Reinhold Reith)
Bauern zwischen Bauernkrieg und Dreißigjährigem Krieg (André Holenstein) 1996. EdG 38
Bauern 1648–1806 (Werner Troßbach) 1992. EdG 19
Adel in der Frühen Neuzeit (Rudolf Endres) 1993. EdG 18
Der Fürstenhof in der Frühen Neuzeit (Rainer A. Müller) 2. Aufl. 2004. EdG 33
Die Stadt in der Frühen Neuzeit (Heinz Schilling) 2. Aufl. 2004. EdG 24
Armut, Unterschichten, Randgruppen in der Frühen Neuzeit (Wolfgang von Hippel) 1995. EdG 34
Unruhen in der ständischen Gesellschaft 1300–1800 (Peter Blickle) 1988. EdG 1
Frauen- und Geschlechtergeschichte 1500–1800 (N. N.)
Die deutschen Juden vom 16. bis zum Ende des 18. Jahrhunderts (J. Friedrich Battenberg) 2001. EdG 60

Wirtschaft — **Die deutsche Wirtschaft im 16. Jahrhundert (Franz Mathis) 1992. EdG 11**
Die Entwicklung der Wirtschaft im Zeitalter des Merkantilismus 1620–1800 (Rainer Gömmel) 1998. EdG 46
Landwirtschaft in der Frühen Neuzeit (Walter Achilles) 1991. EdG 10
Gewerbe in der Frühen Neuzeit (Wilfried Reininghaus) 1990. EdG 3
Kommunikation, Handel, Geld und Banken in der Frühen Neuzeit (Michael North) 2000. EdG 59

Kultur, Alltag, Mentalitäten — Renaissance und Humanismus (Ulrich Muhlack)
Medien in der Frühen Neuzeit (Andreas Würgler)
Bildung und Wissenschaft vom 15. bis zum 17. Jahrhundert (Notker Hammerstein) 2003. EdG 64
Bildung und Wissenschaft in der Frühen Neuzeit 1650–1800 (Anton Schindling) 2. Aufl. 1999. EdG 30
Die Aufklärung (Winfried Müller) 2002. EdG 61
Lebenswelt und Kultur des Bürgertums in der Frühen Neuzeit (Bernd Roeck) 1991. EdG 9
Lebenswelt und Kultur der unterständischen Schichten in der Frühen Neuzeit (Robert von Friedeburg) 2002. EdG 62

Religion und Kirche — **Die Reformation. Voraussetzungen und Durchsetzung (Olaf Mörke) 2005. EdG 74**
Konfessionalisierung im 16. Jahrhundert (Heinrich Richard Schmidt) 1992. EdG 12
Kirche, Staat und Gesellschaft im 17. und 18. Jahrhundert (Michael Maurer) 1999. EdG 51
Religiöse Bewegungen in der Frühen Neuzeit (Hans-Jürgen Goertz) 1993. EdG 20

Politik, Staat, Verfassung — **Das Reich in der Frühen Neuzeit (Helmut Neuhaus) 2. Aufl. 2003. EdG 42**
Landesherrschaft, Territorien und Staat in der Frühen Neuzeit (Joachim Bahlcke)
Die Landständische Verfassung (Kersten Krüger) 2003. EdG 67

Vom aufgeklärten Reformstaat zum bürokratischen Staatsabsolutismus (Walter Demel) 1993. EdG 23
Militärgeschichte des späten Mittelalters und der Frühen Neuzeit (Bernhard R. Kroener)
Das Reich im Kampf um die Hegemonie in Europa 1521–1648 (Alfred Kohler) 1990. EdG 6
Altes Reich und europäische Staatenwelt 1648–1806 (Heinz Duchhardt) 1990. EdG 4

Staatensystem, internationale Beziehungen

19. und 20. Jahrhundert

Bevölkerungsgeschichte und Historische Demographie 1800–2000 (Josef Ehmer) 2004. EdG 71
Migrationen im 19. und 20. Jahrhundert (Jochen Oltmer)
Umweltgeschichte im 19. und 20. Jahrhundert (Frank Uekötter) 2007. EdG 81
Adel im 19. und 20. Jahrhundert (Heinz Reif) 1999. EdG 55
Geschichte der Familie im 19. und 20. Jahrhundert (Andreas Gestrich) 1998. EdG 50
Urbanisierung im 19. und 20. Jahrhundert (Klaus Tenfelde)
Von der ständischen zur bürgerlichen Gesellschaft (Lothar Gall) 1993. EdG 25
Die Angestellten seit dem 19. Jahrhundert (Günter Schulz) 2000. EdG 54
Die Arbeiterschaft im 19. und 20. Jahrhundert (Gerhard Schildt) 1996. EdG 36
Frauen- und Geschlechtergeschichte im 19. und 20. Jahrhundert (N.N.)
Die Juden in Deutschland 1780–1918 (Shulamit Volkov) 2. Aufl. 2000. EdG 16
Die deutschen Juden 1914–1945 (Moshe Zimmermann) 1997. EdG 43.

Gesellschaft

Die Industrielle Revolution in Deutschland (Hans-Werner Hahn) 2., durchges. Aufl. 2005. EdG 49
Die deutsche Wirtschaft im 20. Jahrhundert (Wilfried Feldenkirchen) 1998. EdG 47
Agrarwirtschaft und ländliche Gesellschaft im 19. Jahrhundert (Stefan Brakensiek)
Agrarwirtschaft und ländliche Gesellschaft im 20. Jahrhundert (Ulrich Kluge) 2005. EdG 73
Gewerbe und Industrie im 19. und 20. Jahrhundert (Toni Pierenkemper) 2., um einen Nachtrag erw. Aufl. 2007. EdG 29
Handel und Verkehr im 19. Jahrhundert (Karl Heinrich Kaufhold)
Handel und Verkehr im 20. Jahrhundert (Christopher Kopper) 2002. EdG 63
Banken und Versicherungen im 19. und 20. Jahrhundert (Eckhard Wandel) 1998. EdG 45
Technik und Wirtschaft im 19. und 20. Jahrhundert (Christian Kleinschmidt) 2007. EdG 79
Unternehmensgeschichte im 19. und 20. Jahrhundert (Werner Plumpe)
Staat und Wirtschaft im 19. Jahrhundert (Rudolf Boch) 2004. EdG 70
Staat und Wirtschaft im 20. Jahrhundert (Gerold Ambrosius) 1990. EdG 7

Wirtschaft

Kultur, Alltag, Mentalitäten	**Kultur, Bildung und Wissenschaft im 19. Jahrhundert (Hans-Christof Kraus) 2008. EdG 82** Kultur, Bildung und Wissenschaft im 20. Jahrhundert (Frank-Lothar Kroll) 2003. EdG 65 **Lebenswelt und Kultur des Bürgertums im 19. und 20. Jahrhundert (Andreas Schulz) 2005. EdG 75** Lebenswelt und Kultur der unterbürgerlichen Schichten im 19. und 20. Jahrhundert (Wolfgang Kaschuba) 1990. EdG 5
Religion und Kirche	**Kirche, Politik und Gesellschaft im 19. Jahrhundert (Gerhard Besier) 1998. EdG 48** **Kirche, Politik und Gesellschaft im 20. Jahrhundert (Gerhard Besier) 2000. EdG 56**
Politik, Staat, Verfassung	**Der Deutsche Bund 1815–1866 (Jürgen Müller) 2006. EdG 78** **Verfassungsstaat und Nationsbildung 1815–1871 (Elisabeth Fehrenbach) 2., um einen Nachtrag erw. Aufl. 2007. EdG 22** **Politik im deutschen Kaiserreich (Hans-Peter Ullmann) 2., durchges. Aufl. 2005. EdG 52** **Die Weimarer Republik. Politik und Gesellschaft (Andreas Wirsching) 2000. EdG 58** **Nationalsozialistische Herrschaft (Ulrich von Hehl) 2. Aufl. 2001. EdG 39** **Die Bundesrepublik Deutschland. Verfassung, Parlament und Parteien (Adolf M. Birke) 1996. EdG 41** **Militär, Staat und Gesellschaft im 19. Jahrhundert (Ralf Pröve) 2006. EdG 77** Militär, Staat und Gesellschaft im 20. Jahrhundert (Bernhard R. Kroener) **Die Sozialgeschichte der Bundesrepublik Deutschland bis 1989/90 (Axel Schildt) 2007. EdG 80** **Die Sozialgeschichte der DDR (Arnd Bauerkämper) 2005. EdG 76** **Die Innenpolitik der DDR (Günther Heydemann) 2003. EdG 66**
Staatensystem, internationale Beziehungen	**Die deutsche Frage und das europäische Staatensystem 1815–1871 (Anselm Doering-Manteuffel) 2. Aufl. 2001. EdG 15** **Deutsche Außenpolitik 1871–1918 (Klaus Hildebrand). 2. Aufl. 1994. EdG 2** **Die Außenpolitik der Weimarer Republik (Gottfried Niedhart) 2., aktualisierte Aufl. 2006. EdG 53** **Die Außenpolitik des Dritten Reiches (Marie-Luise Recker) 1990. EdG 8** **Die Außenpolitik der Bundesrepublik Deutschland 1949 bis 1990 (Ulrich Lappenküper) 2008. EdG 83** **Die Außenpolitik der DDR (Joachim Scholtyseck) 2003. EdG 69**

Hervorgehobene Titel sind bereits erschienen.

Stand: (August 2007)

Bei Fragen zur Produktsicherheit wenden Sie sich bitte an:
If you have any questions regarding product safety,
please contact:

Walter de Gruyter GmbH
Genthiner Straße 13
10785 Berlin
productsafety@degruyterbrill.com